Korea 정보화
파워포인트 2016

불필요한건 빼고 필요한 것만 공부한다!

Korea 정보화
파워포인트 2016

발 행 일 : 2021년 11월 01일(1판 1쇄)
개 정 일 : 2022년 08월 01일(1판 2쇄)
I S B N : 978-89-8455-059-9(13000)
정   가 : 12,000원

집   필 : KIE 기획연구실
진   행 : 김동주
본문디자인 : 앤미디어

발 행 처 : (주)아카데미소프트
발 행 인 : 유성천
주   소 : 경기도 파주시 정문로 588번길 24
홈페이지 : www.aso.co.kr / www.asotup.co.kr

CONTENTS

◉ **예제파일** : 없음   ◉ **완성파일** : 파워포인트 시작.pptx

✖ 이번 장에서는

파워포인트는 발표(프리젠테이션) 자료용 문서를 만들 수 있도록 지원하는 프로그램입니다. 파워포인트를 실행해보고, 새 슬라이드를 추가한 후 작성한 문서를 저장하는 방법에 대해 알아보겠습니다.

파워포인트 2016 시작하기

홍길동

▲ 1번 슬라이드

파워포인트 기초 사용법

- 글자 입력하기
- 글자 꾸미기
- 디자인 테마 지정하기
- 도형 삽입하기
- 도형 꾸미기
- 저장하기

▲ 2번 슬라이드

01 파워포인트 2016 실행하기

01 [시작(⊞)]-[PowerPoint 2016]을 클릭하여 파워포인트 2016을 실행합니다.

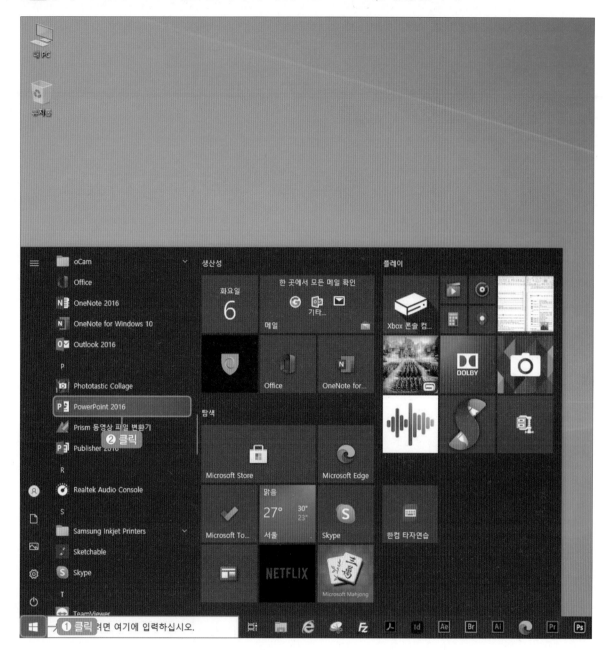

TIP

바탕 화면에 바로 가기 아이콘 만들어 실행하기

'PowerPoint 2016'에서 마우스 왼쪽 단추를 누른채 바탕 화면으로 드래그합니다.

02 파워포인트 2016 프로그램을 실행하면 다음과 같이 화면이 나타납니다. 화면 구성은 다음과 같습니다.

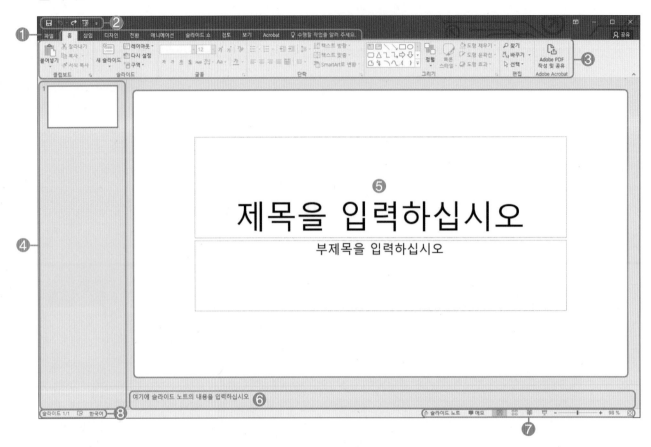

❶ **[파일] 탭 :** 문서의 저장과 열기, 문서 정보 등에 파일 관리를 위한 메뉴로 구성되어 있습니다.

❷ **빠른 실행 도구 모음 :** 사용자가 자주 사용하는 도구를 추가하여 사용할 수 있습니다.

❸ **리본 메뉴 :** 슬라이드 사용에 필요한 여러 가지 기능들을 모아 둔 곳으로 탭으로 구성되어 있습니다.

❹ **슬라이드 및 개요 창 :** 모든 슬라이드를 한 번에 확인이 가능하며, 슬라이드의 크기를 늘리거나 줄일 수 있습니다.

❺ **슬라이드 창 :** 슬라이드의 편집을 직접 작업하는 곳으로 글자, 도형, 차트, 표 등을 삽입하고 편집을 하는 영역입니다.

❻ **슬라이드 노트 창 :** 슬라이드 창에 표시된 내용의 부연 설명이나 세부 사항을 입력하는 영역입니다.

❼ **슬라이드 화면 컨트롤 :** 슬라이드의 화면 보기와 화면 크기를 조절할 수 있습니다.

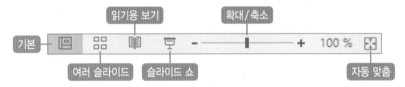

❽ **상태 표시줄 :** 현재 작업 중인 슬라이드 번호와 디자인 서식 등을 표시합니다.

03 슬라이드 창에서 '제목을 입력하십시오'라는 텍스트 상자 안을 마우스로 클릭한 후 '파워포인트 2016 시작하기'를 입력합니다.

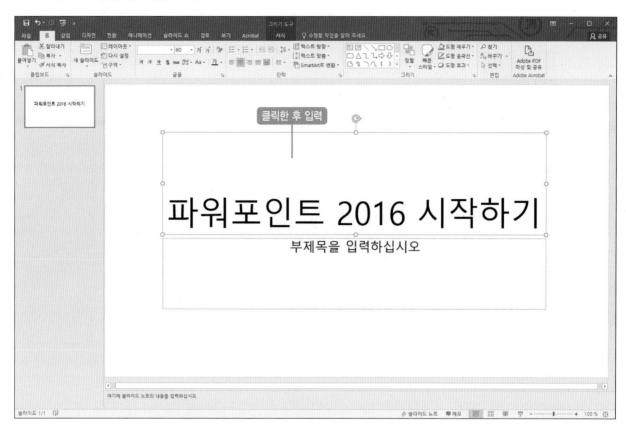

04 '부제목을 입력하십시오'를 클릭한 후 본인의 이름을 입력합니다.

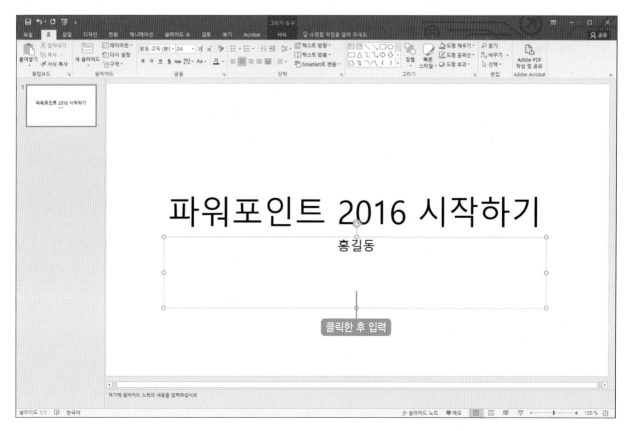

01 작업한 문서를 저장하기 위해 [파일] 탭−[저장]−[찾아보기]를 클릭합니다.

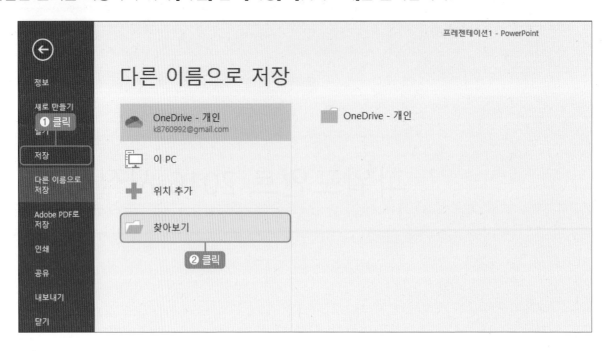

02 [다른 이름으로 저장] 대화상자가 나타나면 '바탕 화면'을 클릭한 후 '새 폴더'을 클릭하여 '본인의 이름(아카데미)'을 입력하고 Enter 키를 누릅니다.

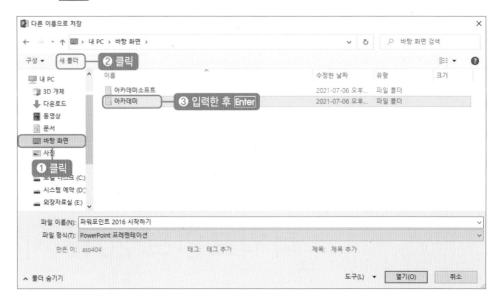

03 '본인의 이름' 폴더를 더블 클릭하고 '파일 이름'에 '파워포인트 시작'을 입력한 후 〈저장〉 단추를 클릭합니다.

04 제목표시줄에서 저장된 파일명을 확인한 후 [파일] 탭-[닫기]를 클릭하여 프로그램을 종료합니다.

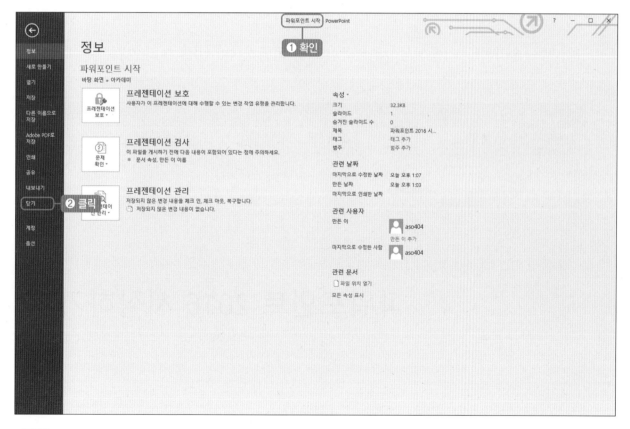

TIP

제목 표시줄에서 [닫기(✕)] 단추를 눌러 프로그램을 종료할 수 있습니다.

03 : 새 슬라이드 추가하기

01 파워포인트 2016을 실행하고 [파일] 탭-[열기]-[찾아보기]를 클릭합니다.

02 [열기] 대화상자가 나타나면 '본인 이름'의 폴더에서 '파워포인트 시작'을 선택한 후 〈열기〉 단추를 클릭합니다.

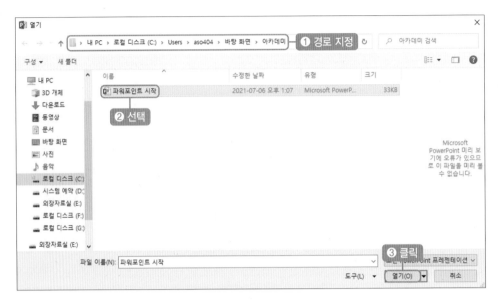

03 [홈] 탭-[슬라이드] 그룹에서 [새 슬라이드]의 목록 단추(▼)를 눌러 [제목 및 내용]을 클릭합니다.

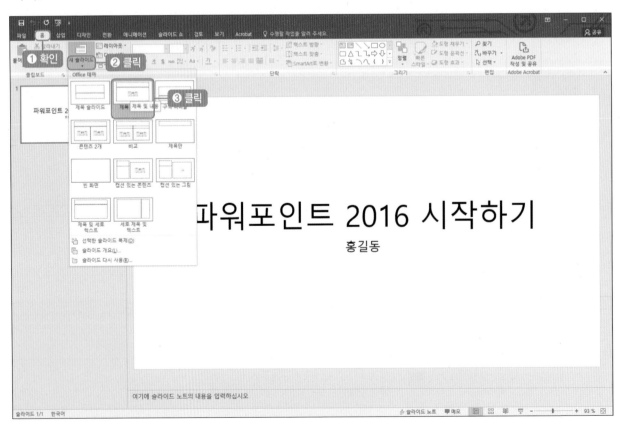

슬라이드 레이아웃

- 슬라이드 레이아웃은 여러 가지의 문서 모양을 미리 만들어 놓고 사용자가 원하는 모양을 선택하여 문서를 쉽게 작성할 수 있도록 도와주는 기능입니다.
- '제목 슬라이드'는 표지에 자주 사용하며, '제목 및 내용' 슬라이드는 제목과 본문으로 구성된 일반적인 문서를 작성할 때 사용합니다.

Office 테마

제목 슬라이드   제목 및 내용   구역 머리글

콘텐츠 2개   비교   제목만

빈 화면   캡션 있는 콘텐츠   캡션 있는 그림

제목 및 세로 텍스트   세로 제목 및 텍스트

選 선택한 슬라이드 복제(D)
슬라이드 개요(L)...
슬라이드 다시 사용(R)...

04 2번 슬라이드가 추가되면 다음과 같이 내용을 입력합니다.

파워포인트 기초 사용법

- 글자 입력하기
- 글자 꾸미기
- 디자인 테마 지정하기
- 도형 삽입하기
- 도형 꾸미기
- 저장하기

---

05 [파일] 탭-[저장]을 클릭하여 작업한 파일을 저장합니다.

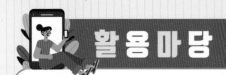

● 예제파일 : 없음   ● 완성파일 : 지리산 등산.pptx

1 다음과 같이 슬라이드를 작성하고 저장해 보세요.

[1번 슬라이드]

지리산 등반
산타 산악회

[2번 슬라이드]

지리산 등반 코스안내

- 총 거 리 : 3.1km
- 소요시간 : 2시간 예상
- 제 1곡 송력동폭포를 시작으로 아홉 폭포 를 돌아보는 탐방 코스로, 약 2시간이 소요 된다.
- 아홉 마리의 용이 하늘에서 내려와 아홉 군데 폭포에서 한 마리씩 자리잡아 노닐다 가 승천했다는 전설이 있는, 산수가 수려 하고 경치가 좋은 곳이다.

HINT ❶ 2번 슬라이드 추가 : [홈] 탭–[슬라이드] 그룹–[새 슬라이드]–[제목 및 내용]을 선택

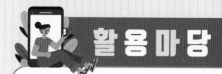

◉ **예제파일** : 없음   ◉ **완성파일** : 응급의료센터.pptx

2 다음과 같이 슬라이드를 작성하고 저장해 보세요.

[1번 슬라이드]

응급의료정보센터

www.e-gen.or.kr

[2번 슬라이드]

응급의료에 대한 정보 제공

- 내 주변에 가까운 응급실 찾기
- 재 주변에 가까운 야간 및 휴일 진료가능 병의원 및 약국 찾기

- 생활응급처리요령 및 심폐소생술 정보
- 자동심장충격기(AED) 사용법 및 내 주변에 설치된 자동심장충격기 위치 정보

HINT ❶ 2번 슬라이드 추가 : [홈] 탭-[슬라이드] 그룹-[새 슬라이드]-[콘텐츠 2개]를 선택

◉ **예제파일** : 한국은행 방문기.pptx   ◉ **완성파일** : 한국은행 방문기(완성).pptx

✖ 이번 장에서는

키보드에 없는 특수문자를 입력하는 방법과 한글을 입력하여 한자로 변환하는 방법, [글꼴] 그룹에 대해 알아보겠습니다.

▲ 1번 슬라이드

▶ **한국은행 방문(訪問) 안내** ◀

- 관 람 일 : 2013년 4월 12일
- 관람(觀覽)시간 : 오전 10시 ~ 오후 5시
- 입 장 료 : 무 료
- 문 의 처 : 02) 759-1234
- *주 차 료 : 단체, 장애인 외에는 주차 불가*
- 住所 : 서울시 중구 남대문로 3가 111번지
- 홈페이지 : museum.bok.or.kr

▲ 2번 슬라이드

01 특수문자 입력하기

01 [파일] 탭-[열기]-[찾아보기]를 클릭하여 '한국은행 방문기.pptx' 파일을 불러옵니다.

02 1번 슬라이드의 제목 앞에 커서를 놓고 [삽입] 탭-[기호] 그룹에서 [기호]를 클릭합니다.

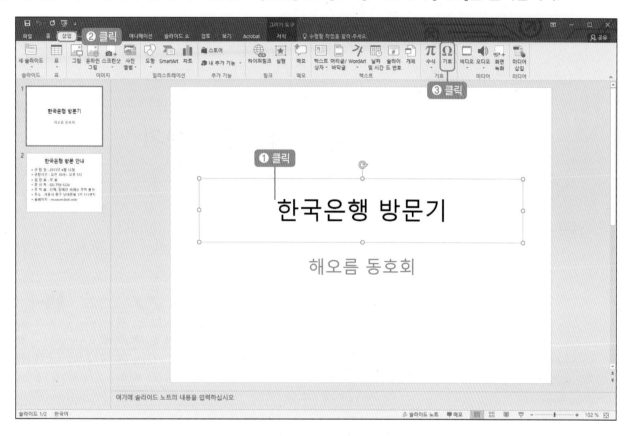

03 [기호] 대화상자가 나타나면 '글꼴(Wingdings)', 'ᥲ'기호를 선택한 후 〈삽입〉 단추를 클릭하고 〈닫기〉 단추를 클릭합니다.

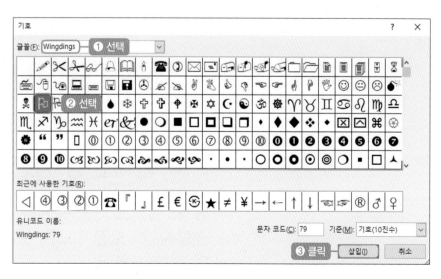

04 제목 앞에 특수문자가 삽입된 것을 확인한 후 Space Bar 키를 눌러 한 칸 띄워줍니다. 슬라이드 창에서 2번 슬라이드를 클릭합니다.

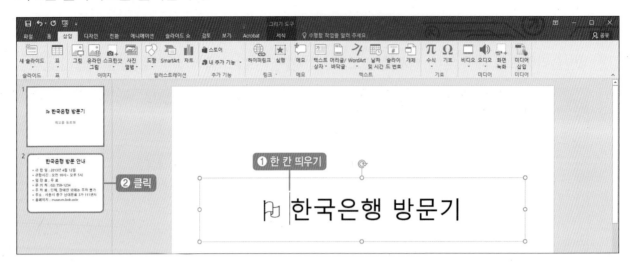

05 위와 같은 방법으로 특수문자 '글꼴(Webdings)', '기호(▶, ◀)'를 삽입합니다.

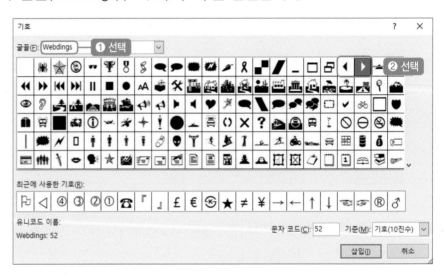

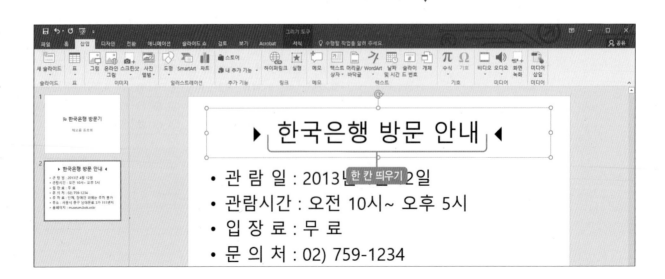

02 : 한글을 한자로 변환하기

01 2번 슬라이드에서 '방문' 뒤에 커서를 놓고 [검토] 탭–[언어] 그룹에서 [한글/한자 변환]을 클릭합니다.

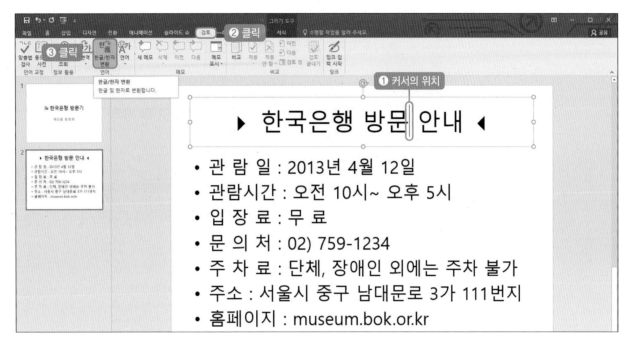

02 [한글/한자 변환] 대화상자가 나타나면 '한자 선택'–'訪問', '입력 형태'–'한글(漢字)'을 선택한 후 〈변환〉 단추를 클릭합니다.

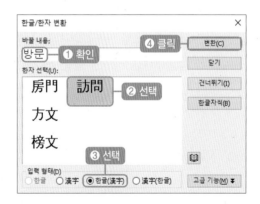

TIP

[한글/한자 변환] 대화상자에서 한자 사전(📖)를 클릭하면 선택한 한자의 음절과 뜻을 볼 수 있습니다.

03 위와 같은 방법으로 다음과 같이 한글을 한자로 변환합니다.

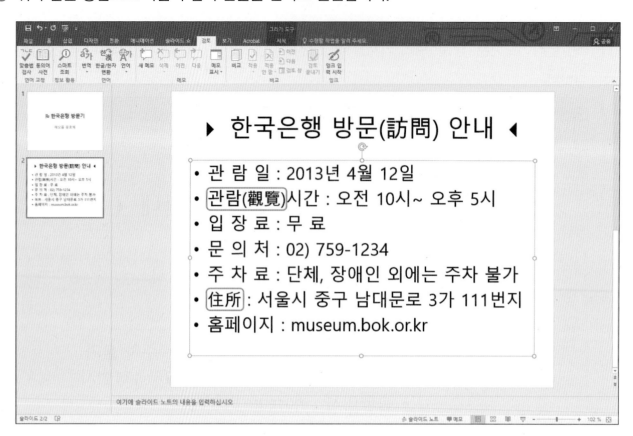

03 [글꼴] 그룹을 이용하여 글자 꾸미기

01 1번 슬라이드를 클릭합니다. 제목을 마우스로 드래그하여 블록 지정한 후 [홈] 탭-[글꼴] 그룹에서 '글꼴(HY동녘B)', '글꼴 크기(54)', '글꼴 색(빨강, 강조 2, 25% 더 어둡게)'로 선택합니다.

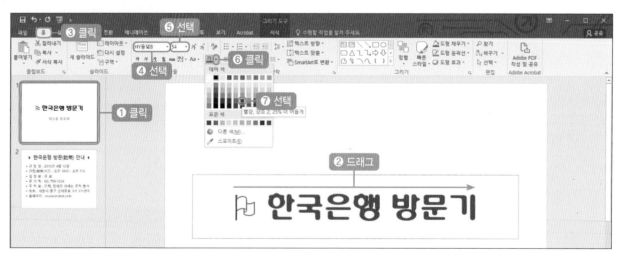

02 2번 슬라이드를 클릭합니다. 제목을 마우스로 드래그하여 블록 지정한 후 [홈] 탭-[글꼴] 그룹에서 '텍스트 그림자(⑤)', '글꼴 색(진한 파랑, 텍스트 2)'로 선택합니다.

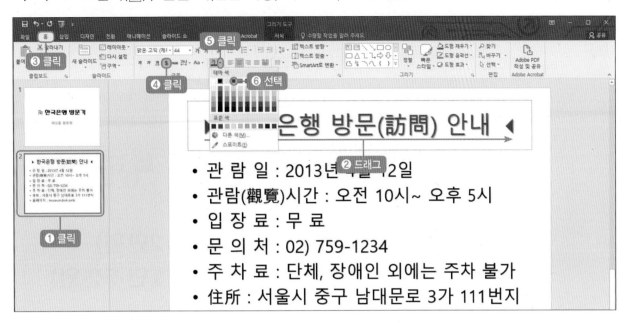

03 다음과 같이 [홈] 탭-[글꼴] 그룹을 이용하여 글자를 꾸밉니다.

- 관 람 일 ~ : 글꼴(HY수평선M), 굵게, 글꼴 색(황록색, 강조 3)
- 주 차 료 ~ : 글꼴(HY수평선M), 기울임꼴, 글꼴 색(자주, 강조 4)
- 홈페이지 ~ : 글꼴(HY수평선M), 밑줄, 글꼴 색(바다색, 강조 5)

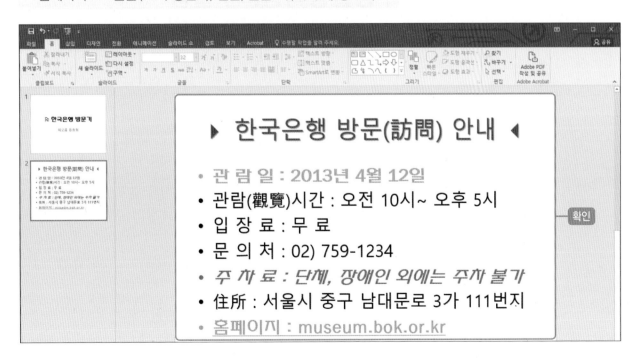

04 [파일] 탭-[다른 이름으로 저장]-[찾아보기]를 클릭하여 작업한 파일을 '한국은행 방문기(완성).pptx'로 저장합니다.

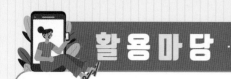

예제파일 : 애완견.pptx   완성파일 : 애완견(완성).pptx

1 다음과 같이 슬라이드를 작성하고 저장해 보세요.

[2번 슬라이드]

❶ 애완견 동물 등록 방법

- 내장형 무선식별장치 삽입(수수료 2만원)
- 외장형 무선식별장치 부착(수수료 1만 5천원)
- 등록인식표 부착(수수료 1만원)
- 소유자가 반려동물 신청서(🖊) 제출
- 동물병원에서 신청서 작성 후 마이크로 칩(💉) 장착
- 시군구청에서 동물등록증(💳) 발급

❷

HINT ❶ 글꼴(휴먼엑스포), 글꼴 크기(48), 글꼴 색(주황, 강조 6, 50% 더 어둡게)

❷ 글꼴(HY동녘B), 글꼴 크기(28)

❸ 기호 입력 : [삽입] 탭−[기호] 그룹−[기호] 클릭 → [기호] 대화상자에서 '글꼴(Webdings)'을 클릭한 후 기호 삽입

2 다음과 같이 슬라이드를 작성하고 저장해 보세요.

[3번 슬라이드]

❶동물등록은 왜 해야 하나요?

- 반려동물을 잃어버렸을 때 동물보호시스템상 동물(動物)등록을 통해 所有者(소유자)를 쉽게 찾을 수 있습니다.
- 반려동물, 실종, 유기 등 등록번호 15자리번호로 주인, 품종, 나이 등을 照會/確認 할 수 있습니다.

❷

HINT ❶ 글꼴(휴먼엑스포), 글꼴 크기(48), 글꼴 색(주황, 강조 6, 50% 더 어둡게)

❷ 글꼴(HY동녘B), 글꼴 크기(28)

❸ [검토] 탭-[언어] 그룹에서 [한글/한자 변환]을 이용하여 한자로 변환

슬라이드 꾸미기

◎ **예제파일** : 스마트폰.pptx   ◎ **완성파일** : 스마트폰(완성).pptx

✖ 이번 장에서는

슬라이드에 배경 그림(디자인 테마)을 지정하여 프레젠테이션을 화려하게 만드는 방법에 대해 알아보겠습니다.

스마트폰(Smart Phone)

AacademySoft

▲ 1번 슬라이드

스마트폰이란?

▶ 휴대폰과 개인휴대단말기(PDA)의 장점을 결합한 것으로, 휴대폰 기능에 일정관리, 팩스 송 · 수신 및 인터넷 접속 등의 데이터 통신기능을 통합시킨 것이다.

▶ 가장 큰 특징은 완제품으로 출시되어 주어진 기능만 사용하던 기존의 휴대폰과는 달리 수백여 종의 다양한 애플리케이션을 사용자가 원하는 대로 설치하고 추가 또는 삭제할 수 있다는 점이다.

▲ 2번 슬라이드

01 디자인 테마로 슬라이드 꾸미기

01 [파일] 탭-[열기]-[찾아보기]를 클릭하여 '스마트폰.pptx' 파일을 불러옵니다.

02 [디자인] 탭-[테마] 그룹에서 〈자세히()〉 단추를 눌러 [Office]-[줄기]를 클릭합니다.

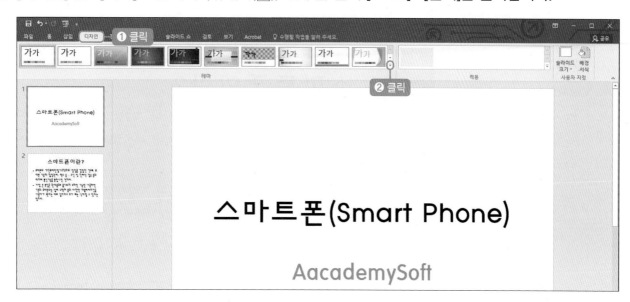

03 2번 슬라이드만 디자인 테마를 변경하기 위해 2번 슬라이드를 클릭합니다. [디자인] 탭-[테마] 그룹에서 〈자세히(▼)〉 단추를 눌러 [Office]-[이온]을 마우스 오른쪽 단추를 클릭한 후 [선택한 슬라이드에 적용]을 선택합니다.

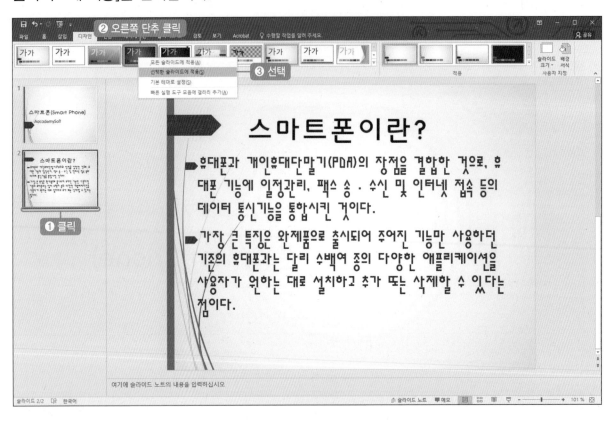

04 2번 슬라이드만 새로운 디자인 테마로 변경된 것을 확인합니다.

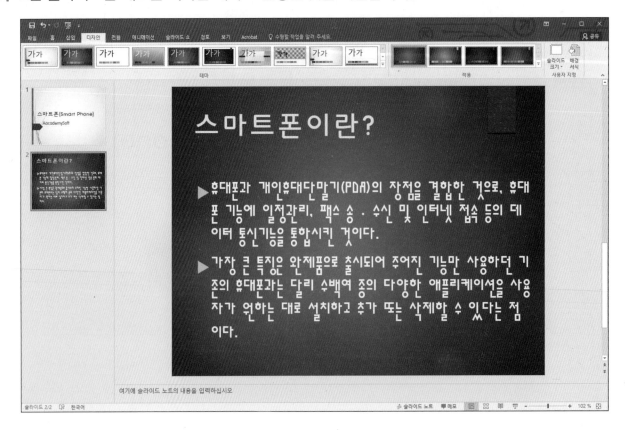

02 디자인 테마 색 변경하기

01 2번 슬라이드에 현재 테마 색을 변경하기 위해 [디자인] 탭-[적용] 그룹에서 〈자세히(▽)〉 단추를 눌러 [색]-[기류]를 선택합니다.

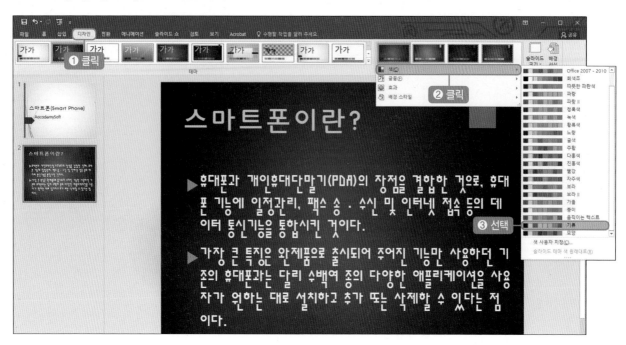

02 1번 슬라이드를 클릭한 후 [디자인] 탭-[적용] 그룹에서 〈자세히(▽)〉 단추를 눌러 [색]-[종이]를 선택합니다.

03 배경 서식으로 슬라이드 꾸미기

01 그라데이션 효과를 배경으로 지정하기 위해 1번 슬라이드 빈 곳에서 마우스 오른쪽 단추를 눌러 [배경 서식]을 클릭합니다.

02 오른쪽 [배경 서식] 작업 창에서 [채우기]-[채우기]에서 '그라데이션 채우기'를 클릭한 후 '그라데이션 미리 설정(밝은 그라데이션 – 강조5)', '방향(선형 위쪽)'를 클릭합니다.

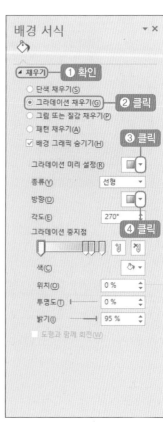

TIP

[배경 서식] 작업 창에서 〈모두 적용〉 단추를 클릭하면 슬라이드
전체에 배경 서식이 지정됩니다.

03 [파일] 탭 –[다른 이름으로 저장]–[찾아보기]를 클릭하여 작업한 파일을 '스마트폰(완성).pptx'로
저장합니다.

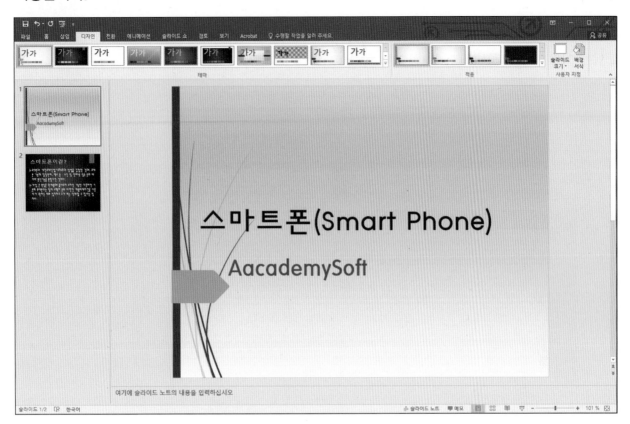

📎 **예제파일** : 지리산.pptx   📎 **완성파일** : 지리산(완성).pptx

1 다음과 같이 디자인 테마를 지정한 후 저장해 보세요.

[1번 슬라이드]

산타 산악회

[2번 슬라이드]

지리산 등반 코스안내

- 총 거 리 : 3.1km
- 소요시간 : 2시간 예상
- 제 1곡 송력동폭포를 시작으로 아홉 폭포를 돌아보는 탐방 코스로, 약 2시간이 소요된다.
- 아홉 마리의 용이 하늘에서 내려와 아홉 군데 폭포에서 한 마리씩 자리잡아 노닐다가 승천했다는 전설이 있는, 산수가 수려하고 경치가 좋은 곳이다.

HINT ❶ 1번 슬라이드에서 [디자인] 탭-[테마] 그룹에서 〈자세히(▾)〉 단추를 눌러 [Office]-[자연 테마]를 선택

❷ 2번 슬라이드에서 [디자인] 탭-[테마] 그룹에서 〈자세히(▾)〉 단추를 눌러 [Office]-[자연 주의]를 선택

◀ **예제파일** : 애완견-1.pptx ◀ **완성파일** : 애완견-1(완성).pptx

2 다음과 같이 배경을 질감으로 전체 슬라이드에 지정한 후 저장해 보세요.

애완견 등록제

동물보호 관리시스템

HINT ❶ [배경 서식] 작업 창에서 [채우기]-[채우기]에서 '그림 또는 질감 채우기'-'질감'-'캔버스' 선택한 후 〈모두 적용〉 단추 클릭

단락을 이용한 문단 꾸미기

◐ **예제파일** : 교육안내.pptx   ◐ **완성파일** : 교육안내(완성).pptx

✖ **이번 장에서는**

슬라이드 내용에 글머리 기호, 번호 매기기, 목록 수준 변경, 줄 간격 등을 지정하는 방법에 대해 알아보겠습니다.

교육 과정 안내

○○○   ○○○

❖ 성인부   ❖ 청소년부
▶ POP 펜글씨   ◆ 원어민 영어
▶ 선물포장   ◆ 원어민 중국어
▶ 꽃장식   ◆ 종이 접기
▶ 홈패션   ◆ 과학 로봇
▶ 스킨케어   ◆ 재미있는 마술
▶ 미용사   ◆ 맛있는 쿠킹타임

▲ 2번 슬라이드

교육 신청 방법

○○○   ○○○

A. 일반 신청
   A. 사랑동사무소로 직접 방문하셔서 신청합니다.
   B. 1층 민원실에 신청서를 작성하여 제출합니다.
   C. 교육비는 신청서 제출시 현금으로 납부합니다.
   D. 문의사항은 02-456-4125으로 문의 바랍니다.
B. 인터넷 신청
   一. www.sarang.go.kr 로 접속하여 신청합니다.
   二. 회원가입 후 로그인하여 신청합니다.
   三. 인터넷 신청 기간을 잘 확인하시고 신청하시기 바랍니다.
   四. 문의사항은 게시판 Q&A를 이용하여 주세요.

▲ 3번 슬라이드

01 글머리 기호/번호 매기기 지정하기

01 [파일] 탭-[열기]-[찾아보기]를 클릭하여 '교육안내.pptx' 파일을 불러옵니다.

02 2번 슬라이드를 클릭한 후 왼쪽 텍스트 상자에서 '성인부' 앞을 마우스로 클릭합니다. 이어서 [홈] 탭-[단락] 그룹에서 [글머리 기호(▤▾)]의 목록 단추(▾)를 눌러 [글머리 기호 및 번호 매기기]를 선택합니다.

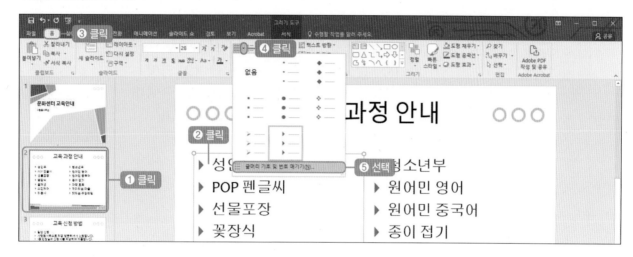

03 [글머리 기호 및 번호 매기기] 대화상자가 나타나면 '별표 글머리 기호(❖—)'와 '색(빨강)'을 선택한 후 〈확인〉 단추를 클릭합니다.

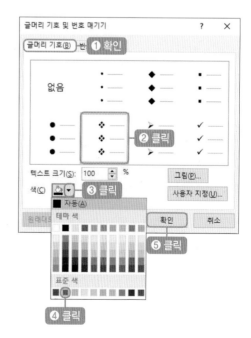

04 나머지 내용을 블록으로 지정한 후 [홈] 탭-[단락] 그룹에서 [글머리 기호(▤▾)]의 목록 단추(▾)를 눌러 [화살표 글머리 기호(▸──)]를 선택합니다.

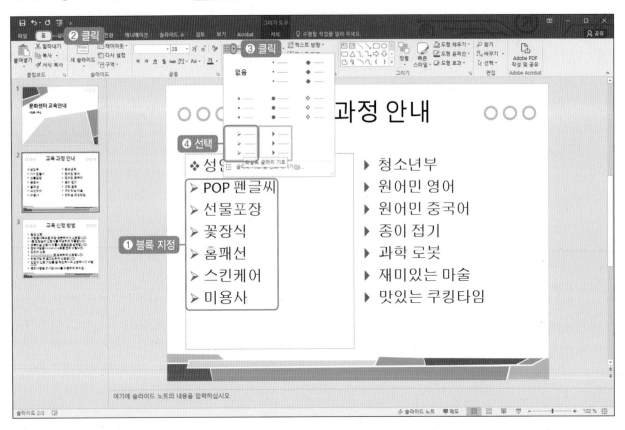

05 위와 같은 방법으로 오른쪽 텍스트 상자 내용의 글머리 기호를 변경합니다.

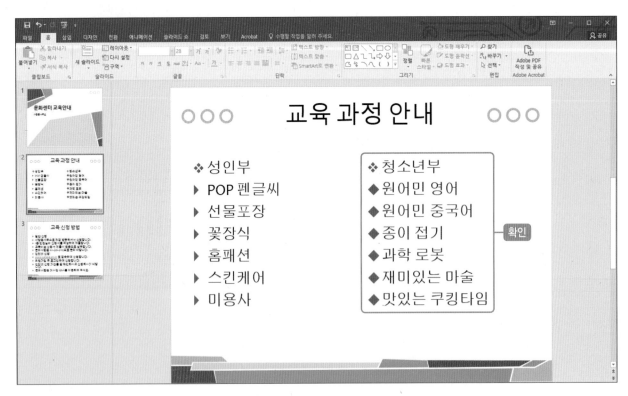

06 3번 슬라이드를 클릭한 후 텍스트 상자 내용을 전체 블록으로 지정합니다. 이어서 [홈] 탭-[단락] 그룹에서 [번호 매기기(⊞▾)]의 목록 단추(▾)를 눌러 [A, B, C]를 선택합니다.

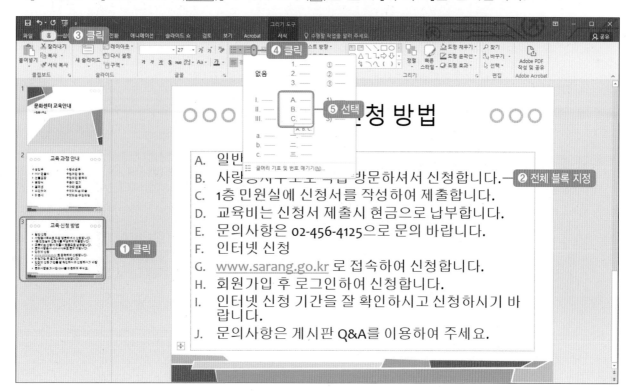

02 : 목록 수준 변경하기

01 목록 수준을 변경할 내용을 블록으로 지정한 후 [홈] 탭-[단락] 그룹에서 [목록 수준 늘림(⊞)]를 클릭합니다.

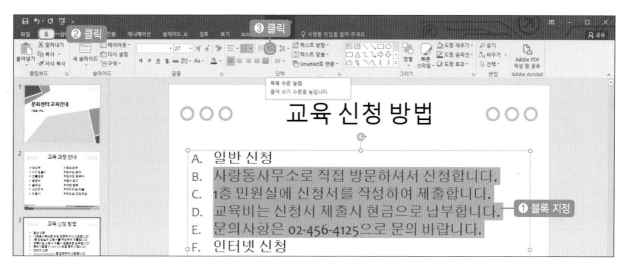

02 [홈] 탭-[단락] 그룹에서 [번호 매기기(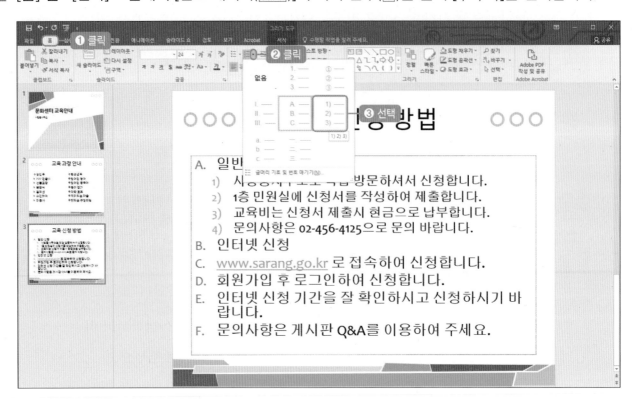)]의 목록 단추(▼)를 눌러 [1) 2) 3)]을 선택합니다.

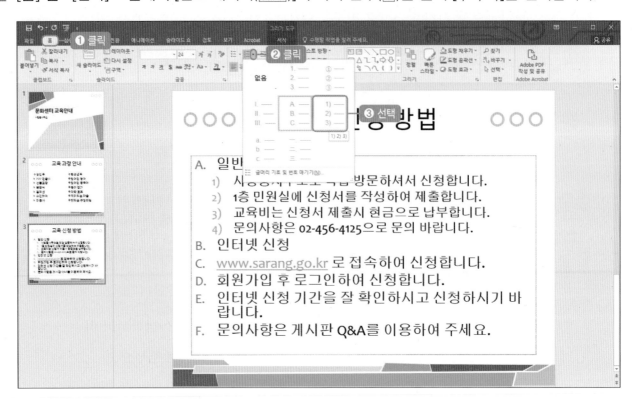

03 위와 같은 방법으로 목록 수준 늘림과 번호 매기기를 선택합니다.

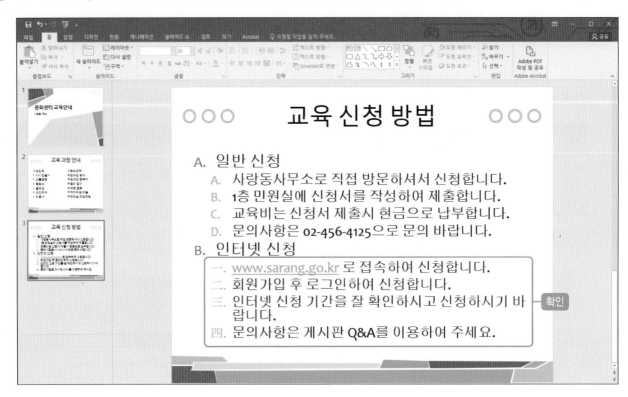

01 2번 슬라이드를 클릭한 후 왼쪽 텍스트 상자에서 'POP 펜글씨' 앞을 마우스로 클릭합니다. 이어서 [홈] 탭-[단락] 그룹에서 [줄 간격(≡)]의 목록 단추(▾)를 눌러 [1.5]를 선택합니다.

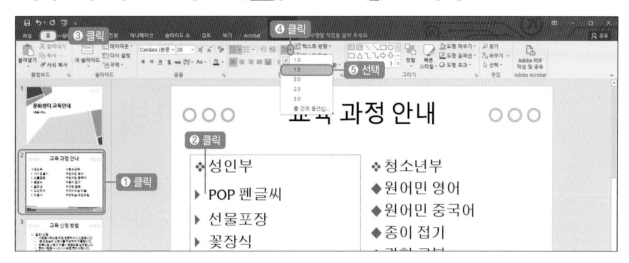

TIP

줄 간격은 줄과 줄 사이의 간격을 말하며, 슬라이드 내용을 보기 좋게 만들기 위해 줄 간격을 조절합니다.

02 위와 같은 방법으로 오른쪽 텍스트 상자에서 '원어민 영어' 앞을 마우스로 클릭하여 줄 간격(1.5)을 지정합니다.

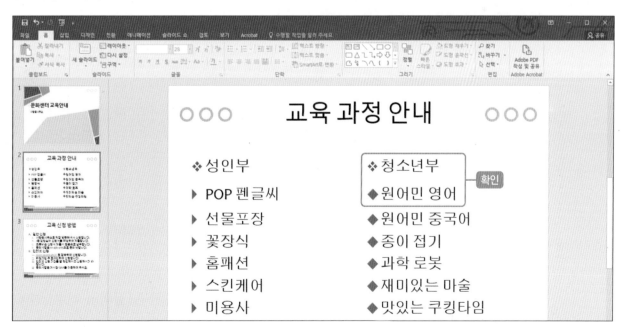

03 [파일] 탭-[다른 이름으로 저장]-[찾아보기]를 클릭하여 작업한 파일을 '교육안내(완성).pptx'로 저장합니다.

◉ **예제파일** : 건강 관리.pptx   ◉ **완성파일** : 건강 관리(완성).pptx

1 다음과 같이 글머리 기호를 지정한 후 저장해 보세요.

[1번 슬라이드]

봄철 건강 관리 비법

♥머리카락을 자주 빗어 두피를 자극하라

♥혀를 입안에서 자주 굴려 소화를 도와라

♥등을 따뜻하게 하여 체열발산을 막아라

♥귀를 자주 만져 신장, 비뇨 등 생식기 계통을 자극하라

◗명치부터 치골까지 배를 자주 쓸어주어라

◗얼굴의 인중을 자극하여 혈압과 동맥경화를 예방하라

◗물, 야채, 과일을 충분히 섭취하라

HINT ❶ '♥' 기호 입력 : 블록으로 지정한 후 [홈] 탭-[단락] 그룹-[글머리 기호(☰▾)]-[글머리 기호 및 번호 매기기]를 클릭 → [글머리 기호 및 번호 매기기] 대화상자의 [글머리 기호] 탭에서 〈사용자 지정〉 단추 클릭 → [기호] 대화상자에서 '글꼴(현재 글꼴)', '하위 집합(기타 기호)'를 선택 → [글머리 기호 및 번호 매기기] 대화상자의 [글머리 기호] 탭에서 '색(자주, 강조 4)'를 선택한 후 〈확인〉 단추 클릭

❷ '◗' 기호 입력 : 블록으로 지정한 후 [홈] 탭-[단락] 그룹-[글머리 기호(☰▾)]-[글머리 기호 및 번호 매기기]를 클릭 → [글머리 기호 및 번호 매기기] 대화상자의 [글머리 기호] 탭에서 〈사용자 지정〉 단추 클릭 → [기호] 대화상자에서 '글꼴(현재 글꼴)', '하위 집합(기타 기호)'를 선택 → [글머리 기호 및 번호 매기기] 대화상자의 [글머리 기호] 탭에서 '색(파랑, 강조 1)'를 선택한 후 〈확인〉 단추 클릭

[2번 슬라이드]

봄꽃의 개화 시기

1. 복수초

1) 개화시기 : 2월~4월
2) 분포 : 우리나라 전체 지역의 산지와 습지에 분포하여 자생
3) 특성 : 이른봄 눈을 녹이며 피는 꽃
4) 용도 : 관상용, 약용 (근부를 종창, 진통, 강심, 이뇨 등)

2. 금난화

1) 개화시기 : 5월~6월
2) 분 포 : 우리나라 산기슭,지리산, 태백산맥을 따라 설악산 등지의 높은 곳까지 자생
3) 특성 : 바깥 꽃잎2개가 길이 2cm정도
4) 용도 : 식용 (어린순), 관상용

HINT ❶ 왼쪽 텍스트 상자

- [홈] 탭-[단락] 그룹에서 [번호 매기기(▤▾)]의 목록 단추(▾)를 눌러 [1, 2, 3]을 선택
- 블록으로 지정한 후 [홈] 탭-[단락] 그룹에서 [목록 수준 늘림(▤)]을 클릭
- [홈] 탭-[단락] 그룹에서 [번호 매기기(▤▾)]의 목록 단추(▾)를 눌러 [1), 2), 3)]을 선택

❷ 오른쪽 텍스트 상자

- [홈] 탭-[단락] 그룹에서 [번호 매기기(▤▾)]-[글머리 기호 및 번호 매기기]를 클릭
- [글머리 기호 및 번호 매기기] 대화상자의 [번호 매기기] 탭에서 [1, 2, 3]을 선택, '시작 번호(2)'를 입력한 후 〈확인〉 단추 클릭
- 블록으로 지정한 후 [홈] 탭-[단락] 그룹에서 [목록 수준 늘림(▤)]을 클릭
- [홈] 탭-[단락] 그룹에서 [번호 매기기(▤▾)]의 목록 단추(▾)를 눌러 [1), 2), 3)]을 선택

05 CHAPTER
슬라이드 관리하기

◉ **예제파일** : 문화센터교육.pptx   ◉ **완성파일** : 문화센터교육(완성).pptx

✖ 이번 장에서는

슬라이드 보기 방법과 슬라이드 복사, 이동, 삭제하는 방법에 대해 알아보겠습니다.

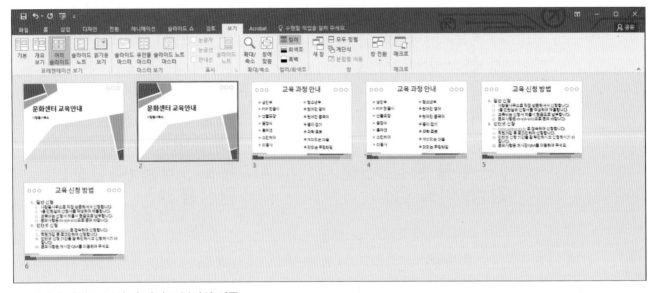

▲ 여러 슬라이드 보기, 슬라이드 복사와 이동

▼

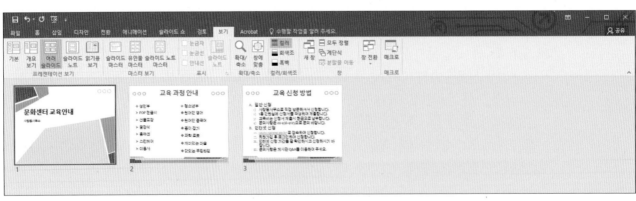

▲ 슬라이드 삭제

01 : 슬라이드 복사하기

01 [파일] 탭-[열기]-[찾아보기]를 클릭하여 '문화센터교육.pptx' 파일을 불러 옵니다.

02 슬라이드 보기를 변경하기 위해 [보기] 탭-[프레젠테이션 보기] 그룹에서 [여러 슬라이드]를 클릭합니다.

03 1번 슬라이드가 선택된 상태에서 [홈] 탭-[클립보드] 그룹에서 [복사]를 클릭합니다.

04 복사한 슬라이드를 붙여넣기 하기 위해 3번 슬라이드 뒤를 클릭한 후 [홈] 탭-[클립보드] 그룹에서 [붙여넣기]를 클릭합니다.

05 위와 같은 방법으로 2번과 3번의 슬라이드를 각각 복사하여 붙여넣기 합니다.

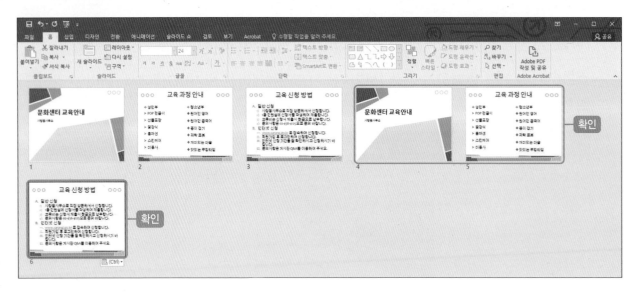

TIP

슬라이드 복제하기

[기본] 보기에서 복제할 슬라이드를 마우스 오른쪽 단추를 클릭한 후 [슬라이드 복제]를 선택하면 바로 아래쪽에 슬라이드를 복사합니다.

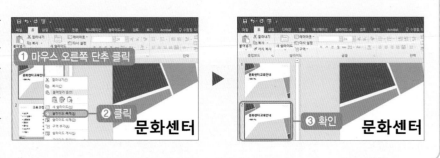

02 ┊ 슬라이드 이동하기

01 4번 슬라이드를 1번 슬라이드 뒤로 마우스를 드래그합니다.

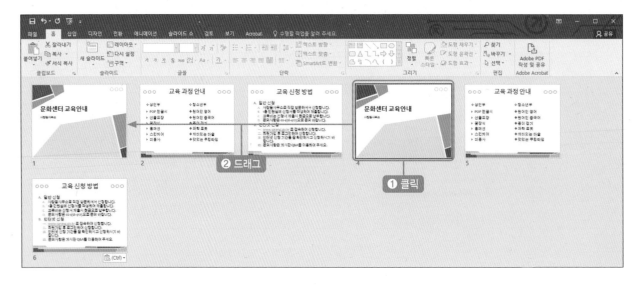

02 위와 같은 방법으로 5번 슬라이드를 4번 슬라이드 앞으로 이동합니다.

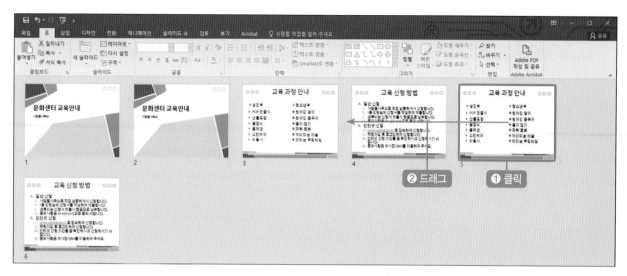

TIP

[여러 슬라이드] 보기에서 슬라이드 복사와 이동

- 슬라이드 복사 : 복사할 슬라이드를 선택한 후 Ctrl 키를 누른 채 복사할 위치로 드래그하면 복사됩니다.
- 슬라이드 이동 : 이동할 슬라이드를 선택한 후 이동할 위치로 드래그하면 이동됩니다.

03 : 슬라이드 삭제하기

01 삭제할 2번 슬라이드를 클릭한 후 Delete 키를 눌러 삭제합니다.

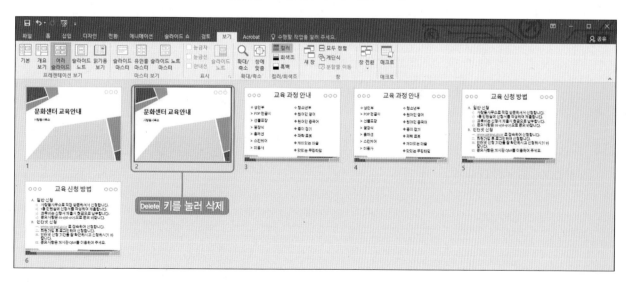

02 3번 슬라이드 클릭한 후 **Ctrl** 키를 누른 상태에서 5번 슬라이드를 클릭합니다. **Delete** 키를 눌러 선택한 슬라이드를 삭제합니다.

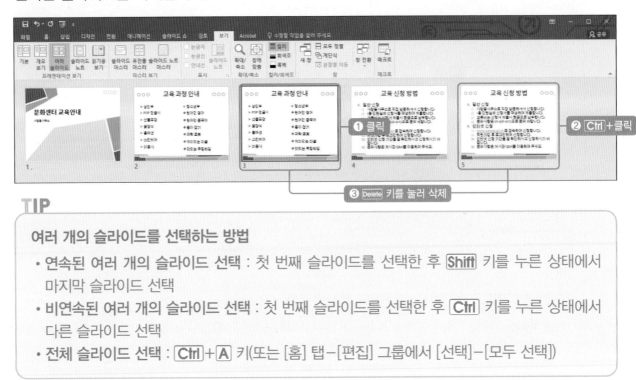

> **TIP**
>
> **여러 개의 슬라이드를 선택하는 방법**
>
> • **연속된 여러 개의 슬라이드 선택** : 첫 번째 슬라이드를 선택한 후 **Shift** 키를 누른 상태에서 마지막 슬라이드 선택
>
> • **비연속된 여러 개의 슬라이드 선택** : 첫 번째 슬라이드를 선택한 후 **Ctrl** 키를 누른 상태에서 다른 슬라이드 선택
>
> • **전체 슬라이드 선택** : **Ctrl**+**A** 키(또는 [홈] 탭-[편집] 그룹에서 [선택]-[모두 선택])

03 슬라이드 보기를 변경하기 위해 [보기] 탭-[프레젠테이션 보기] 그룹에서 [기본]을 클릭합니다.

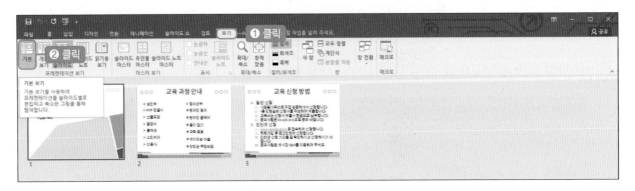

04 [파일] 탭-[다른 이름으로 저장]-[찾아보기]를 클릭하여 작업한 파일을 '문화센터교육(완성).pptx'로 저장합니다.

● 예제파일 : 설악산등산.pptx　　● 완성파일 : 설악산등산(완성).pptx

1 다음과 같이 슬라이드를 복사/삭제한 후 저장해 보세요.

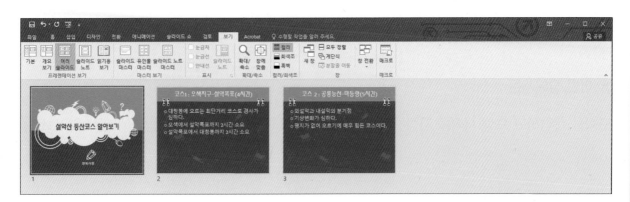

HINT ❶ [보기] 탭-[프레젠테이션 보기] 그룹에서 [여러 슬라이드]를 클릭

❷ 2번 슬라이드를 3번 슬라이드 뒤에 복사

❸ 4번 슬라이드를 더블 클릭한 후 다음 내용 입력

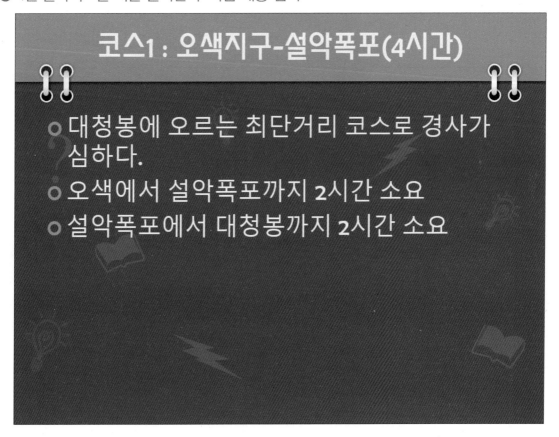

❹ [보기] 탭-[프레젠테이션 보기] 그룹에서 [여러 슬라이드]를 클릭

❺ 4번 슬라이드를 2번 슬라이드 앞으로 이동

❻ 3번 슬라이드 삭제

06 CHAPTER 도형 삽입하고 꾸미기

◎ **예제파일** : 친환경 운전.pptx　　◎ **완성파일** : 친환경 운전(완성).pptx

✖ 이번 장에서는

도형을 삽입하고 도형 서식을 지정하여 프리젠테이션의 내용을 시각화하는 방법에 대해 알아보겠습니다.

▲ 도형 삽입과 다양한 효과 지정

01 도형 삽입하기

01 [파일] 탭-[열기]-[찾아보기]를 클릭하여 '친환경 운전.pptx' 파일을 불러 옵니다.

02 [홈] 탭-[그리기] 그룹에서 [도형]의 〈자세히(▾)〉 단추를 눌러 [블록 화살표]-[오각형(▷)]을 클릭합니다.

▼

03 다음과 같이 슬라이드 위에 드래그하여 도형을 삽입합니다.

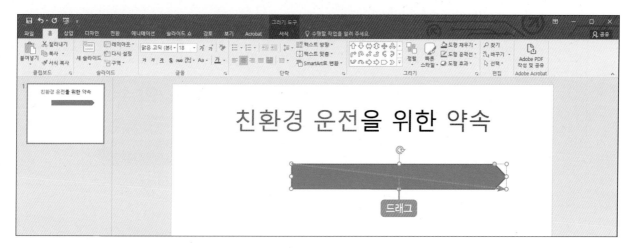

04 [홈] 탭-[그리기] 그룹에서 [도형]의 〈자세히(▼)〉 단추를 눌러 [기본 도형]-[하트(♡)]를 클릭합니다.

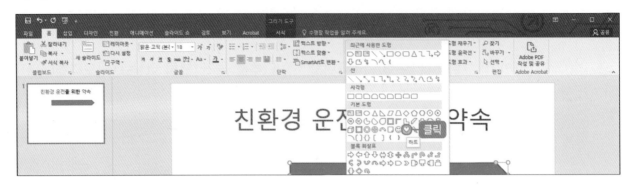

05 다음과 같이 슬라이드에 오각형 도형 위에서 드래그하여 하트 도형을 삽입합니다.

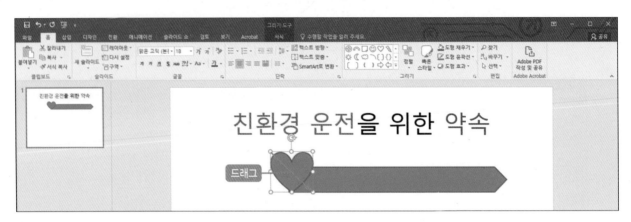

06 하트 도형이 선택된 상태에서 '1'을 입력합니다. 이어서 오각형 도형을 클릭하고 '경제속도를 준수하기'를 입력합니다.

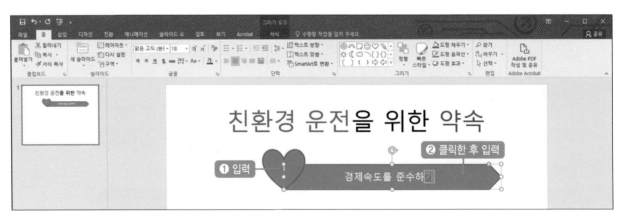

07 오각형 도형이 선택된 상태에서 `Ctrl` 키를 누른 채 하트 도형을 클릭합니다. [홈] 탭-[글꼴] 그룹에서 '글꼴(HY동녘M)', '글꼴 크기(24)'로 선택합니다.

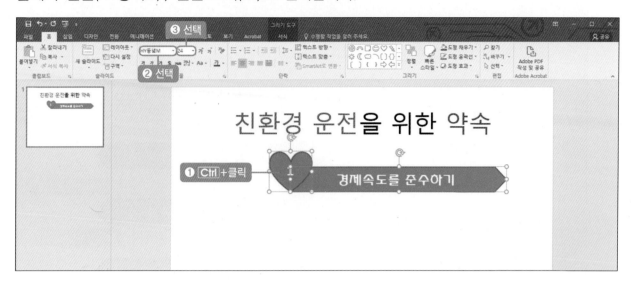

02 도형 그룹화와 정렬하기

01 하트 도형과 오각형 도형이 선택된 상태에서 [홈] 탭-[그리기] 그룹에서 [정렬]을 클릭한 후 [그룹]을 선택합니다.

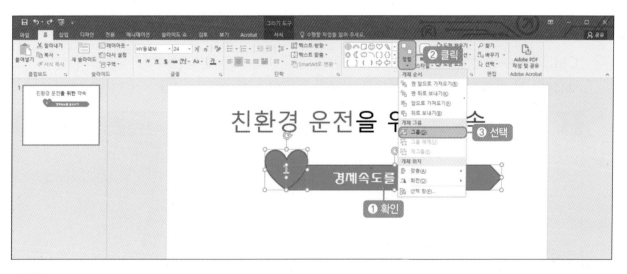

TIP

여러 도형을 그룹으로 묶으면 하나의 도형처럼 복사나 이동, 서식 등을 지정할 수 있습니다.

02 [Ctrl] 키와 [Shift] 키를 누른 상태에서 아래쪽으로 2번 드래그하여 도형을 복사합니다.

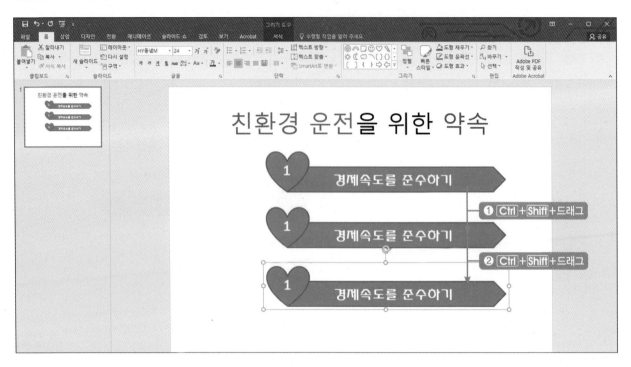

TIP

도형을 선택한 후 [Ctrl] 키와 [Shift] 키를 누른 상태에서 상하좌우로 드래그하면 수평, 수직으로 복사할 수 있습니다.

03 [Ctrl] 키를 누른 상태에서 다른 도형 그룹을 클릭하여 모두 선택합니다. [홈] 탭-[그리기] 그룹에서 [정렬]을 클릭한 후 [맞춤]-[세로 간격을 동일하게]를 선택합니다.

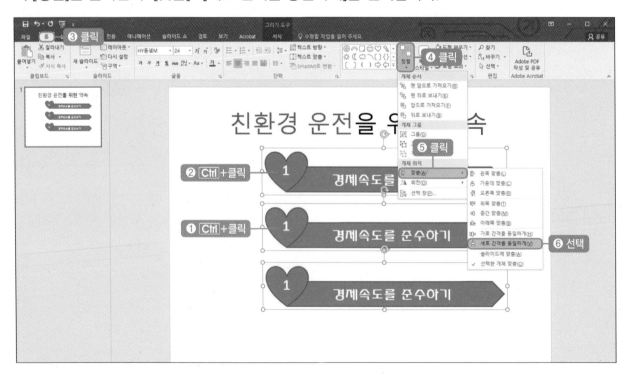

04 그룹을 해제하기 위해 [홈] 탭-[그리기] 그룹에서 [정렬]을 클릭한 후 [그룹 해제]를 선택합니다.

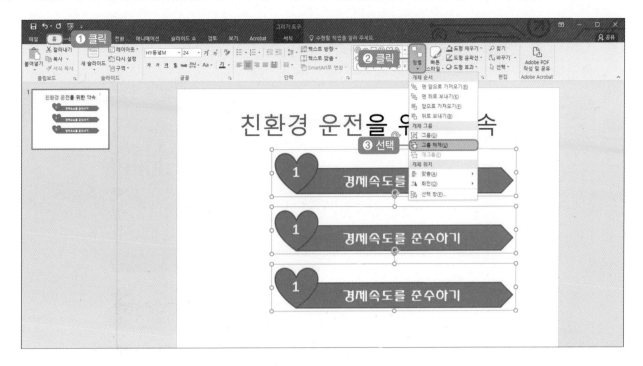

05 Esc 키를 눌러 도형 선택을 해제하고 다음과 같이 내용을 수정합니다.

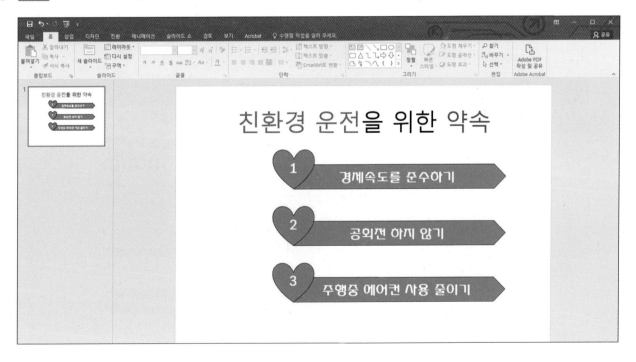

03 도형 채우기와 윤곽선 변경하기

01 Ctrl 키를 이용하여 하트 도형을 모두 선택하고 [홈] 탭-[그리기] 그룹에서 [도형 채우기]의 목록단추(▼)를 클릭한 후 [표준 색]-[자주]를 선택합니다.

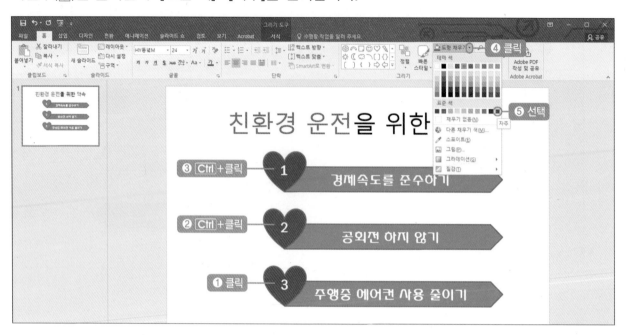

02 하트 도형이 모두 선택된 상태에서 [홈] 탭-[그리기] 그룹에서 [도형 윤곽선]의 목록단추(▼)를 클릭한 후 [테마 색]-[흰색, 배경 1]를 선택합니다.

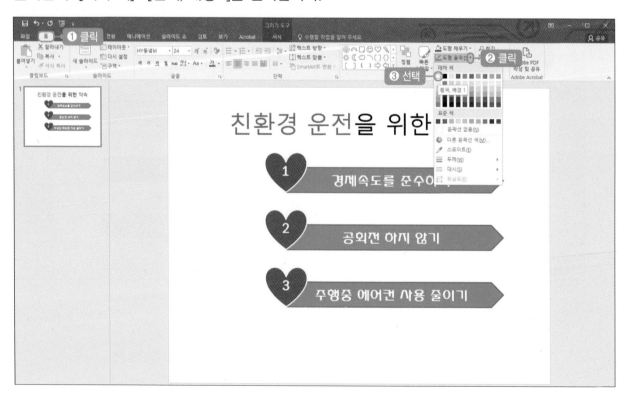

03 하트 도형이 모두 선택된 상태에서 [홈] 탭-[그리기] 그룹에서 [도형 윤곽선]의 목록단추(▼)를 클릭한 후 [두께]-[4½pt]를 선택합니다.

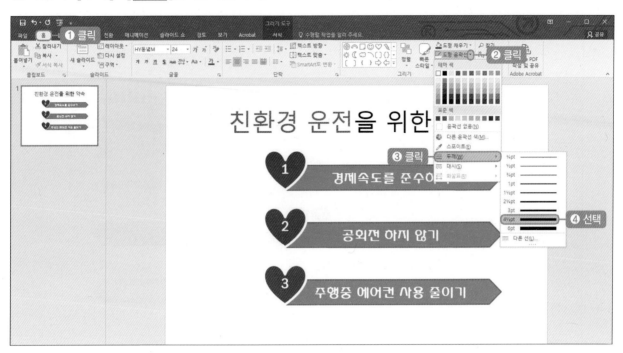

04 오각형 도형을 각각 선택하여 [홈] 탭-[그리기] 그룹에서 [도형 채우기]의 목록단추(▼)를 클릭한 후 [황록색, 강조 3, 40% 더 밝게], [황록색, 강조 3, 25% 더 어둡게], [황록색, 강조 3, 50% 더 어둡게]를 차례로 선택합니다.

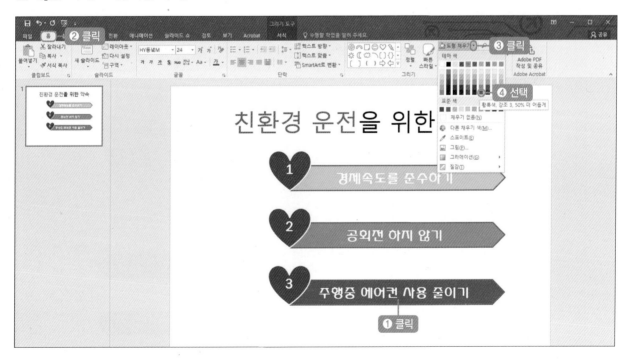

05 Ctrl 키를 이용하여 오각형 도형을 모두 선택하고 [홈] 탭-[그리기] 그룹에서 [도형 윤곽선]을 클릭한 후 [윤곽선 없음]을 선택합니다.

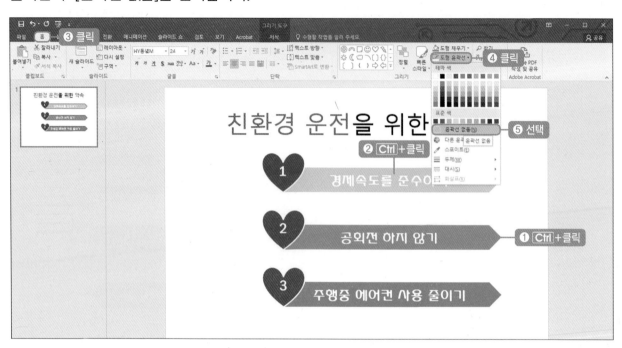

04 : 도형에 다양한 효과 지정하기

01 그림자 효과를 지정하기 위해 Ctrl 키를 이용하여 하트 도형을 모두 선택하고 [홈] 탭-[그리기] 그룹에서 [도형 효과]를 클릭한 후 [그림자]-[바깥쪽]-[오프셋 오른쪽]을 선택합니다.

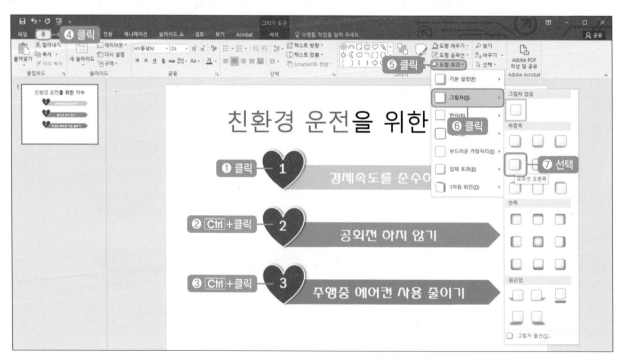

02 그림자 효과를 지정하기 위해 **Ctrl** 키를 이용하여 오각형 도형을 모두 선택하고 [홈] 탭-[그리기] 그룹에서 [도형 효과]를 클릭한 후 [그림자]-[원근감]-[원근감 대각선 왼쪽 아래]를 선택합니다.

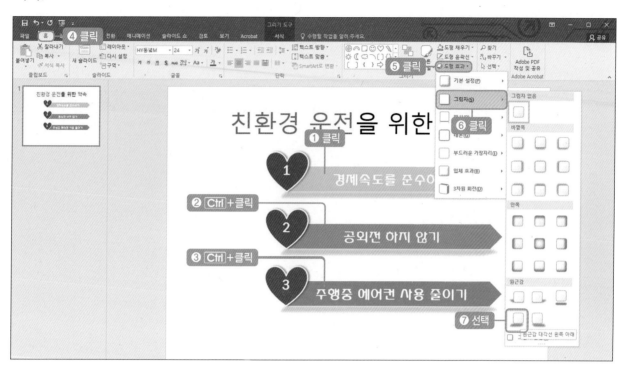

03 입체 효과를 지정하기 위해 오각형 도형이 선택된 상태에서 [홈] 탭-[그리기] 그룹에서 [도형 효과]를 클릭한 후 [입체 효과]-[십자형으로]를 선택합니다.

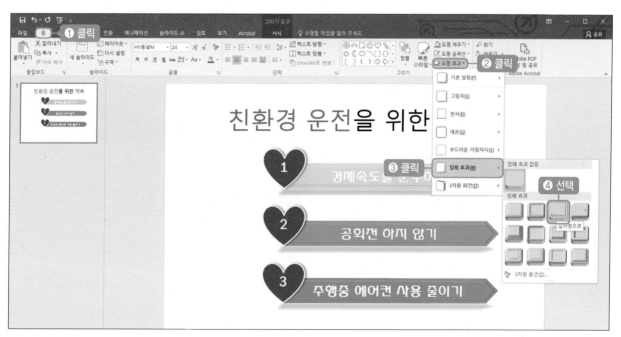

04 [파일] 탭-[다른 이름으로 저장]-[찾아보기]를 클릭하여 작업한 파일을 '친환경 운전(완성).pptx'로 저장합니다.

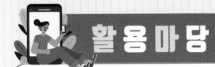 **활용마당**

● **예제파일** : 봄꽃축제.pptx   ● **완성파일** : 봄꽃축제(완성).pptx

1 다음과 같이 도형을 이용하여 문서를 작성한 후 저장해 보세요.

[1번 슬라이드]

봄꽃축제

발표자 : 이재욱

HINT ❶ [홈] 탭-[그리기] 그룹에서 [도형]의 〈자세히(▽)〉 단추를 눌러 [사각형]-[직사각형(□)]
을 클릭한 후 슬라이드 윗부분에 도형 삽입

❷ 도형 채우기
   • 위 도형 채우기 : 황록색, 강조 3
   • 아래 도형 채우기 : 황록색, 강조 3, 40% 더 밝게

❸ 도형 윤곽선
   • 위 도형 윤곽선 : 윤곽선 없음
   • 아래 도형 윤곽선 : 윤곽선 없음

[2번 슬라이드]

우리나라 봄꽃축제

1 한강여의도 봄꽃축제

2 진해군항제

3 경포벚꽃잔치

HINT ❶ [홈] 탭-[슬라이드] 그룹에서 [새 슬라이드]의 [빈 화면]을 선택

❷ [홈] 탭-[그리기] 그룹에서 [도형]의 〈자세히(▽)〉 단추를 눌러 [오각형], [모서리가 둥근 직사각형], [포인트가 7개인 별]을 차례로 선택한 후 도형 삽입

❸ 각각 도형에 채우기 지정
   • 오각형 : 진한 파랑, 텍스트 2, 40% 더 밝게
   • 모서리가 둥근 직사각형 : 자주, 강조 4, 40% 더 밝게
   • 포인트가 7개인 별 : 자주, 강조 4, 25% 더 어둡게

❹ 모서리가 둥근 직사각형과 포인트가 7개인 별에 효과 지정 : [홈] 탭-[그리기] 그룹에서 [도형 효과]의 [입체 효과]-[디벗]을 선택

❺ 각각의 도형에 내용을 입력한 후 글꼴과 글꼴 크기 지정
   • 오각형 : 궁서, 54
   • 모서리가 둥근 직사각형/포인트가 7개인 별 : 맑은 고딕, 28

◉ **예제파일** : 정기모임.pptx   ◉ **완성파일** : 정기모임(완성).pptx

✖ 이번 장에서는

표를 삽입하는 방법과 셀 병합과 분할, 스타일 기능을 이용하여 표를 꾸미는 방법에 대해 알아보겠습니다.

6월 정기모임(여행에 관한 건)

지역	국가		일정	최소인원	회비
동남아	세부	하롱베이	6박	5명	700,000
미주	오아후		7박	8명	1,250,000
	미서부		8박	10명	1,550,000
			10박	12명	
유럽	터키		6박	7명	2,100,000
	파리		7박	8명	2,250,000

▲ 표 작성

01 : 표 삽입하고 크기 조절하기

01 [파일] 탭-[열기]-[찾아보기]를 클릭하여 '정기 모임.pptx' 파일을 불러옵니다.

02 표를 삽입하기 위해 내용 개체 틀 안의 표 삽입(▦) 아이콘을 클릭합니다. [표 삽입] 대화상자에서 '열 개수(5)', '행 개수(6)'을 입력하고 〈확인〉 단추를 클릭합니다.

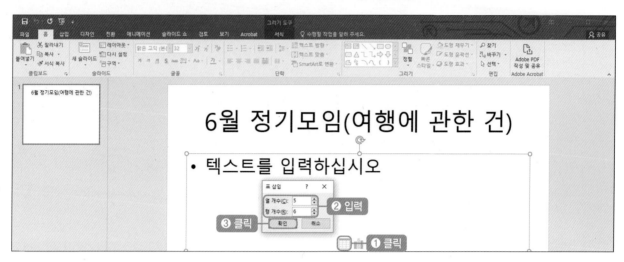

03 슬라이드에 삽입된 표 아래쪽 가운데로 마우스 포인터를 이동하여 마우스 포인터가 ⬍로 모양이 변경되면 아래쪽으로 드래그하여 표의 전체 크기를 슬라이드에 맞게 조정합니다.

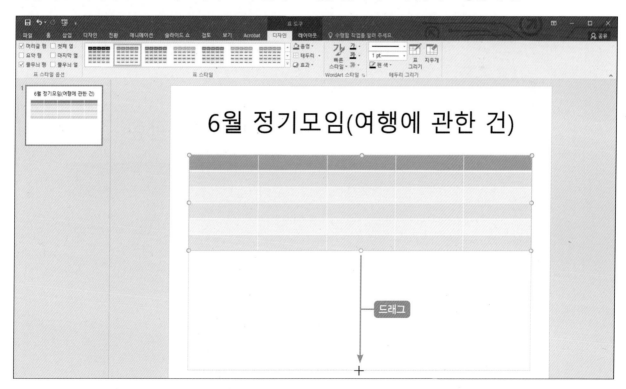

04 다음과 같이 내용을 입력합니다.

02 : 표 편집하기

01 표 내용을 정렬하기 위해 표 전체를 블록 지정한 후 [표 도구]-[레이아웃] 탭-[맞춤] 그룹에서 [가운데 맞춤(≡)], [세로 가운데 맞춤(⊟)]을 차례로 클릭합니다.

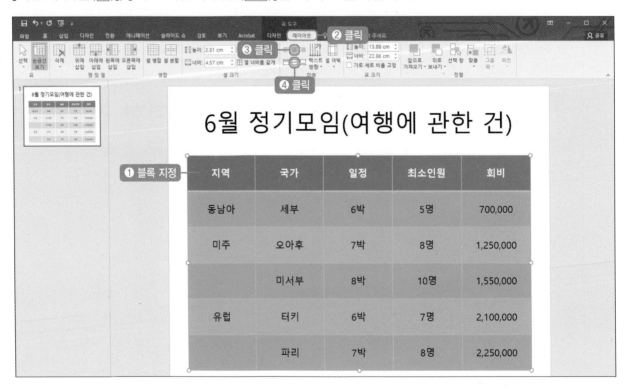

02 Esc 키를 눌러 블록 지정을 해제합니다. 셀을 병합할 3행 1열~4행 1열을 블록 지정하고 [표 도구]-[레이아웃] 탭-[병합] 그룹에서 [셀 병합]을 클릭합니다.

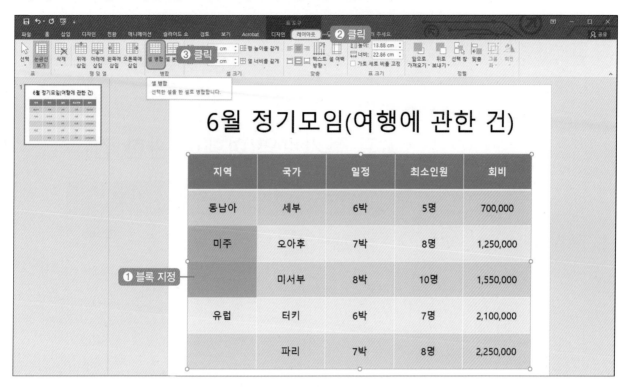

03 셀을 병합할 5행 1열~6행 1열을 블록 지정하고 [표 도구]-[레이아웃] 탭-[병합] 그룹에서 [셀 병합]을 클릭합니다.

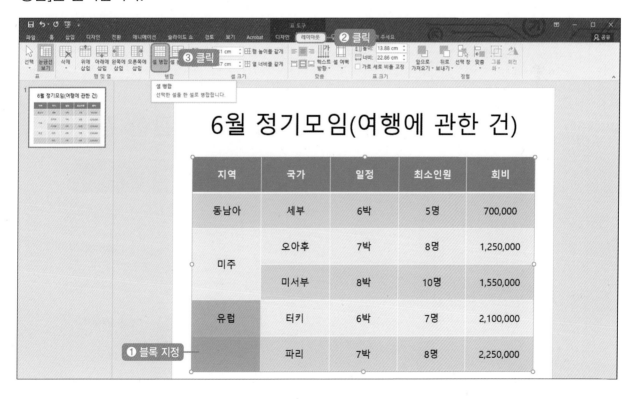

04 셀을 분할할 4행 3열~4열을 블록 지정하고 [표 도구]-[레이아웃] 탭-[병합] 그룹에서 [셀 분할]을 클릭합니다. [셀 분할] 대화상자에서 '열 개수(1)', '행 개수(2)'를 입력하고 〈확인〉 단추를 클릭합니다.

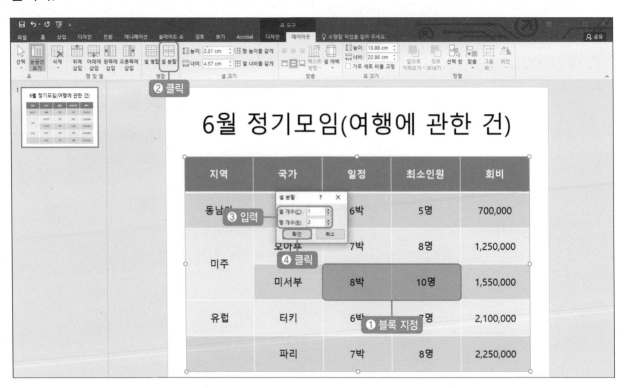

05 Esc 키를 눌러 블록 지정을 해제하고 다음과 같이 내용을 입력합니다.

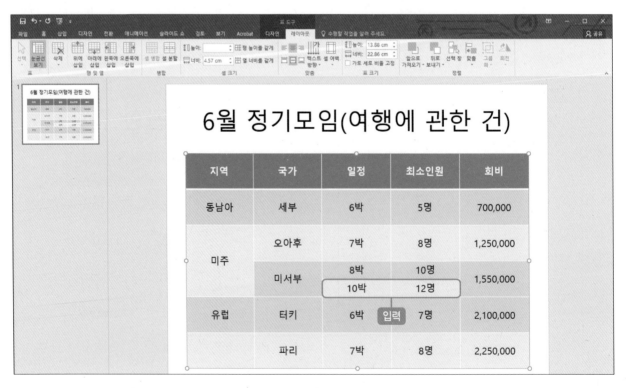

06 2행 2열 '세부'에 커서를 놓고 [표 도구]–[레이아웃] 탭–[병합] 그룹에서 [셀 분할]을 클릭합니다. [셀 분할] 대화상자에서 '열 개수(2)', '행 개수(1)'를 입력하고 〈확인〉 단추를 클릭합니다.

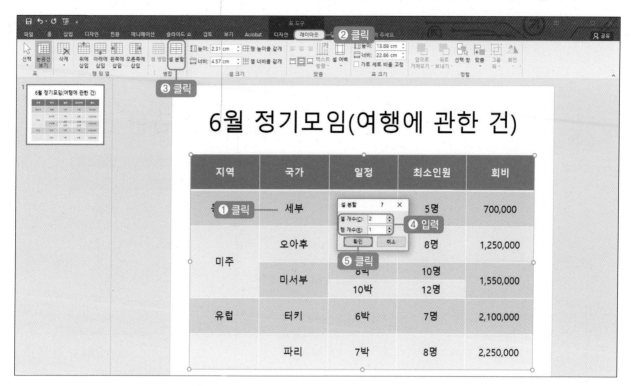

07 Esc 키를 눌러 블록 지정을 해제하고 다음과 같이 내용을 입력합니다.

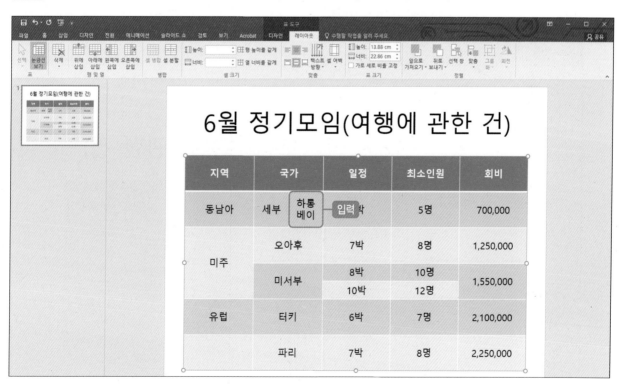

08 다음과 같이 2열과 3열의 경계선 위로 마우스 포인터를 이동하여 마우스 포인터가 ⬌로 모양이 변경되면 오른쪽으로 드래그하여 셀 너비를 조정합니다.

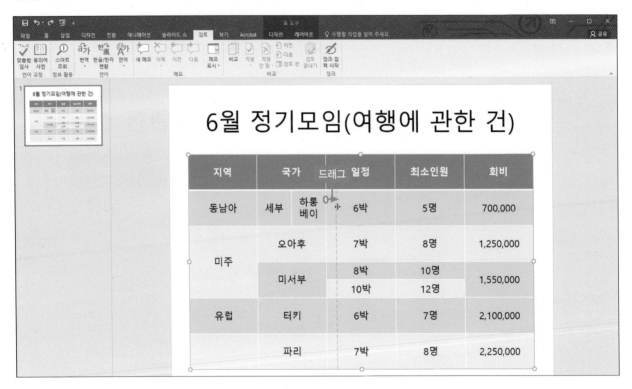

09 표 전체를 블록 지정한 후 [표 도구]–[레이아웃] 탭–[셀 크기] 그룹에서 [행 높이를 같게]를 클릭합니다.

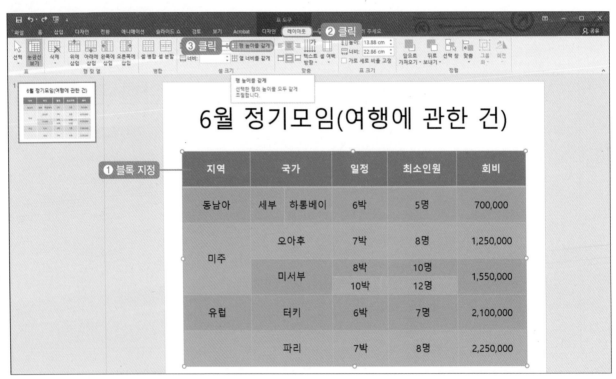

10 [Esc] 키를 눌러 블록 지정을 해제하고 표 전체 행 높이가 같게 된 것을 확인합니다.

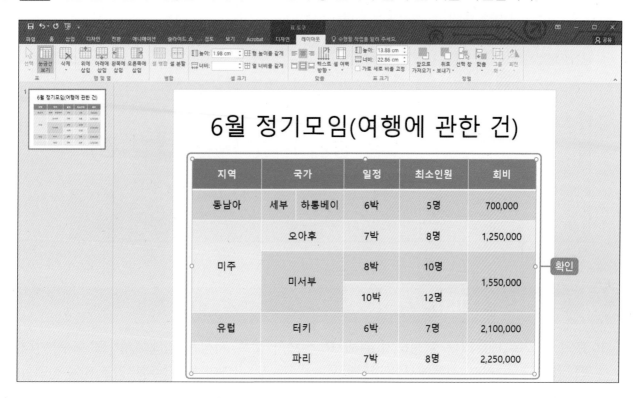

표 스타일 지정하기

01 표가 선택된 상태에서 [표 도구]–[디자인] 탭–[표 스타일] 그룹에서 〈자세히(▼)〉 단추를 눌러 [보통]–[보통 스타일 4 – 강조 6]을 클릭합니다.

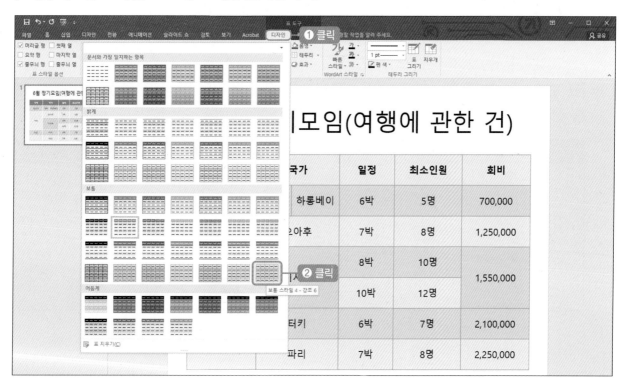

02 표 전체를 블록 지정하고 [표 도구]-[디자인] 탭-[표 스타일] 그룹에서 [효과]를 클릭한 후 [셀 입체 효과]-[입체 효과]-[십자형으로]를 선택합니다.

---

01 표의 바깥쪽 테두리를 지정하기 위해 표 전체가 블록 지정된 상태에서 [표 도구]-[디자인] 탭-[테두리 그리기] 그룹에서 [펜 두께]-[3pt], [펜 색]-[테마 색]-[주황, 강조 6]을 선택합니다.

02 [표 도구]-[디자인] 탭-[표 스타일] 그룹에서 [테두리]의 목록 단추(▼)를 눌러 [바깥쪽 테두리]를 선택합니다.

03 [표 도구]−[디자인] 탭−[표 스타일] 그룹에서 [효과]를 클릭한 후 [그림자]−[바깥쪽]−[오프셋 가운데]를 선택합니다.

04 Esc 키를 두 번 눌러 표 전체 선택을 해제하고 표 테두리 선 모양과 그림자 효과를 확인합니다.

05 [파일] 탭−[다른 이름으로 저장]−[찾아보기]를 클릭하여 작업한 파일을 '정기모임(완성).pptx'로 저장합니다.

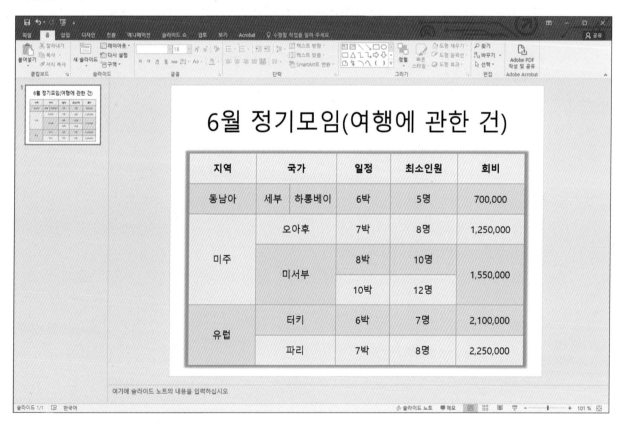

◉ **예제파일** : 가족행사.pptx   ◉ **완성파일** : 가족행사(완성).pptx

1 다음과 같이 표를 작성한 후 표 스타일을 적용하고 저장해 보세요.

이달의 가족행사

일	월	화	수	목	금	토
1	2	3 엄마생신	4	5 어린이날	6	7
8 어버이날	9	10	11	12	13	14
15 스승의날	16	17 석가탄신일	18	19	20 성년의날	21
22	23	24	25	26	27	28
29	30	31				

HINT ❶ 표 삽입한 후 내용 입력

❷ 표 전체를 블록 지정하고 [표 도구]–[디자인] 탭–[표 스타일] 그룹에서 〈자세히(▾)〉 단추를 눌러 [보통]–[보통 스타일 2–강조 2]를 선택

❸ 첫 행의 내용을 블록으로 지정한 후 [표 도구]–[레이아웃] 탭–[맞춤] 그룹에서 [가운데 맞춤(≡)], [세로 가운데 맞춤(目)]를 클릭

❹ 표 전체를 블록 지정하고 [표 도구]–[레이아웃] 탭–[셀 크기] 그룹에서 [행 높이를 같게] 클릭

◁ **예제파일** : 혈액형.pptx   ◁ **완성파일** : 혈액형(완성).pptx

2 다음과 같이 표를 작성한 후 편집하고 저장해 보세요.

혈액형별 성격

A형	장점	상대방을 늘 배려하며 온화하다.
	단점	남의 눈을 지나치게 의식하며 신경질적이고 소심하다.
B형	장점	오만하지 않고 소탈하다.
	단점	상대에 대한 헤아림과 이해가 부족하다.
AB형	장점	남에게 잘 맞추고 협조를 잘한다.
	단점	자주성이 부족하다.
O형	장점	정열적이고 애정이 강하다.
	단점	편파적이다.

HINT **❶** 표 삽입한 후 내용 입력

❷ [표 도구]–[디자인] 탭–[표 스타일 옵션] 그룹에서 '머리글 행' 체크박스 선택 해제

❸ 표 전체를 블록 지정하고 [표 도구]–[디자인] 탭–[표 스타일] 그룹에서 〈자세히(▽)〉 단추를 눌러 [문서와 가장 일치하는 항목]–[테마 스타일 1 – 강조 4]를 선택

❹ 1열~2열을 블록 지정한 후 [표 도구]–[레이아웃] 탭–[맞춤] 그룹에서 [가운데 맞춤(▤)]을 클릭

❺ [디자인] 탭–[테마] 그룹에서 〈자세히(▽)〉 단추를 눌러 [Office]–[심플 테마]를 선택

08 CHAPTER 그림 삽입으로 슬라이드 꾸미기

예제파일 : 동호회모집.pptx **완성파일** : 동호회모집(완성).pptx, 사진전시회(완성).pptx

✖ 이번 장에서는

다양한 그림 삽입 기능을 이용하여 슬라이드의 내용을 좀 더 효과적으로 전달할 수 있도록 꾸미는 방법에 대해 알아보겠습니다.

▲ 그림/온라인 그림 삽입

▲ 사진앨범 만들기

01 그림 삽입하기

01 [파일] 탭-[열기]-[찾아보기]를 클릭하여 '동호회모집.pptx' 파일을 불러옵니다.

02 1번 슬라이드에 그림을 삽입하기 위해 [삽입] 탭-[이미지] 그룹에서 [그림]을 클릭합니다.

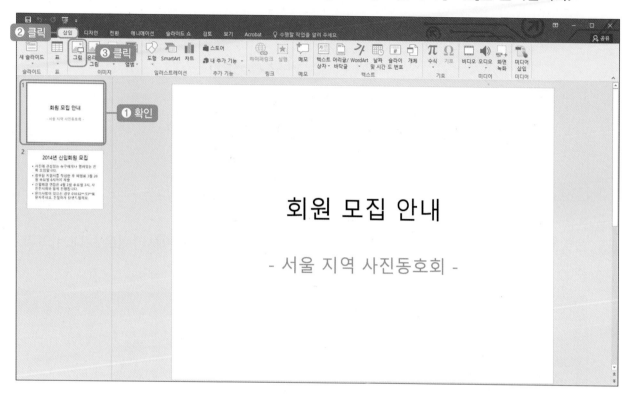

03 [그림 삽입] 대화상자가 나타나면 [예제파일]-'사막.jpg'를 선택한 후 〈삽입〉 단추를 클릭합니다.

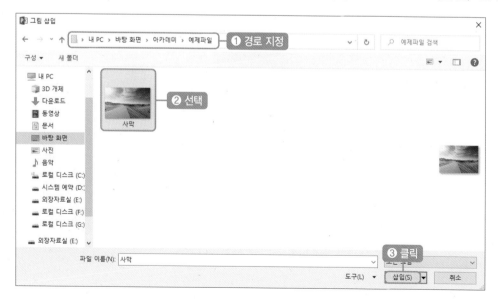

04 삽입된 그림에서 모서리의 크기 조절점(◯)을 드래그하여 적당한 크기로 조절하고 그림 위치를 이동합니다.

05 그림을 제목 뒤로 보내기 위해 [그림 도구]-[서식] 탭-[정렬] 그룹에서 [뒤로 보내기]의 목록 단추(▼)를 눌러 [맨 뒤로 보내기]를 선택합니다.

06 위와 같은 방법으로 [삽입] 탭-[이미지] 그룹에서 [그림]을 클릭하여 [예제파일]-'등대.jpg'를 선택한 후 〈삽입〉 단추를 클릭합니다.

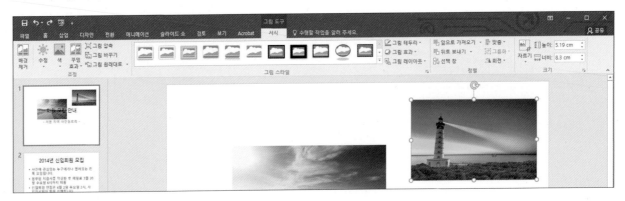

01 '사막' 그림을 클릭한 후 [그림 도구]–[서식] 탭–[그림 스타일] 그룹에서 〈자세히(▽)〉 단추를 눌러 [회전, 흰색]을 클릭합니다.

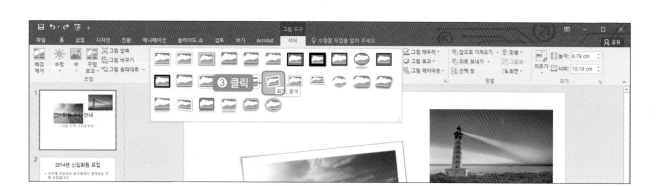

02 [그림 도구]–[서식] 탭–[조정] 그룹에서 [꾸밈 효과]를 클릭한 후 [열십자 에칭]을 선택합니다.

03 '등대' 그림을 클릭하고 [그림 도구]−[서식] 탭−[조정] 그룹에서 [그림 바꾸기]를 클릭합니다.

TIP

그림 바꾸기를 이용하면 현재 그림에 적용된 그림 스타일이나 효과, 크기를 유지하면서 원하는 다른 그림을 변경할 수 있습니다.

04 [그림 삽입] 대화상자가 나타나면 [예제파일]−'수국.jpg'를 선택한 후 〈삽입〉 단추를 클릭합니다.

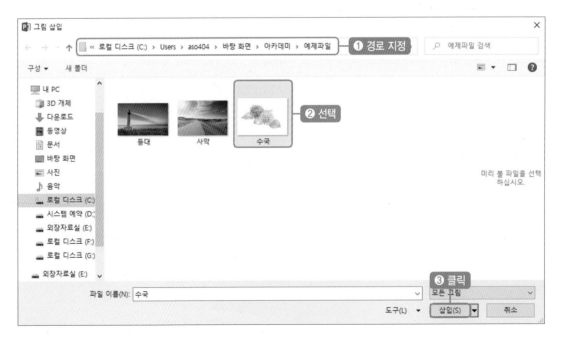

05 '수국' 그림의 배경을 없애기 위해 [그림 도구]–[서식] 탭–[조정] 그룹에서 [배경 제거]를 클릭합니다.

06 '수국' 그림의 배경이 보라색으로 바뀌면, [배경 제거] 탭–[닫기] 그룹에서 [변경 내용 유지]를 클릭합니다.

TIP

배경 제거는 그림에서 불필요한 부분을 제거하는 기능으로 보라색으로 선택된 영역을 배경으로 간주하여 제거합니다.

07 [그림 도구]-[서식] 탭-[조정] 그룹에서 [꾸밈 효과]를 클릭한 후 [모자이크 방울]을 선택합니다.

08 다음과 같이 '수국' 그림의 위치를 이동한 후 Esc 키를 눌러 그림 선택을 해제합니다.

01 2번 슬라이드를 클릭합니다. 제목을 마우스로 드래그하여 블록 지정한 후 [그리기 도구]-[서식] 탭-[WordArt 스타일] 그룹에서 〈자세히(▼)〉 단추를 눌러 [채우기 - 바다색, 강조 1, 윤곽선 - 배경 1, 진한 그림자 - 강조 1]를 클릭합니다.

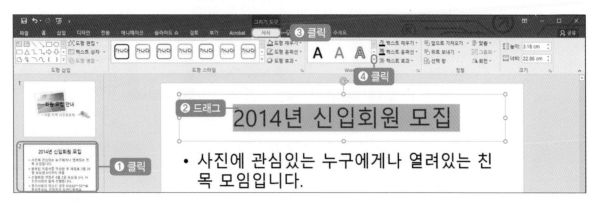

▼

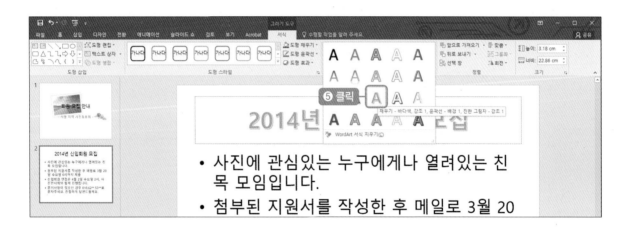

02 Esc 키를 두 번 눌러 블록 지정을 해제하고 [삽입] 탭-[이미지] 그룹에서 [온라인 그림]을 클릭합니다. 이어서 [그림 삽입] 대화상자에서 〈Bing 이미지 검색〉를 클릭합니다.

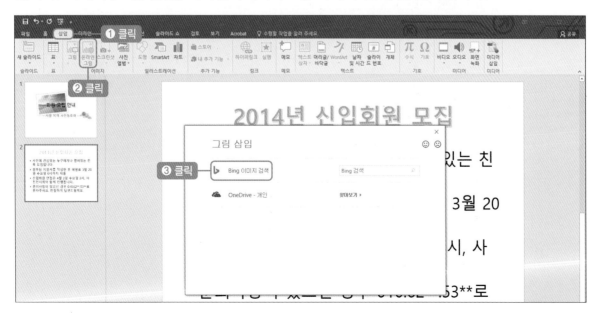

03 '검색 대상'에서 '테두리'를 입력하고 [Enter] 키를 누릅니다.

04 '검색 결과'에서 삽입할 그림을 선택하고 〈삽입〉 단추를 클릭합니다.

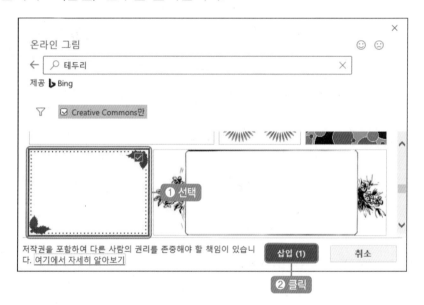

05 그림을 맨 뒤로 보내기 위해 [그림 도구]-[서식] 탭-[정렬] 그룹에서 [뒤로 보내기]의 목록 단추 (▼)를 눌러 [맨 뒤로 보내기]를 선택합니다.

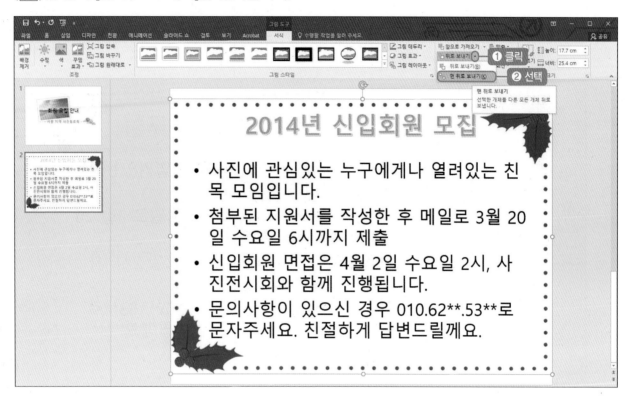

06 삽입된 그림에서 크기 조절점(○)을 드래그하여 슬라이드에 맞게 크기를 조절합니다.

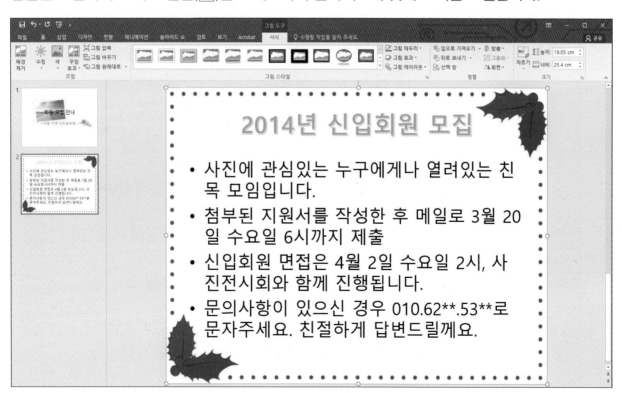

07 [그림 도구]-[서식] 탭-[조정] 그룹에서 [수정]을 클릭한 후 [밝기: 0% (표준) 대비: +40%]을 선택합니다.

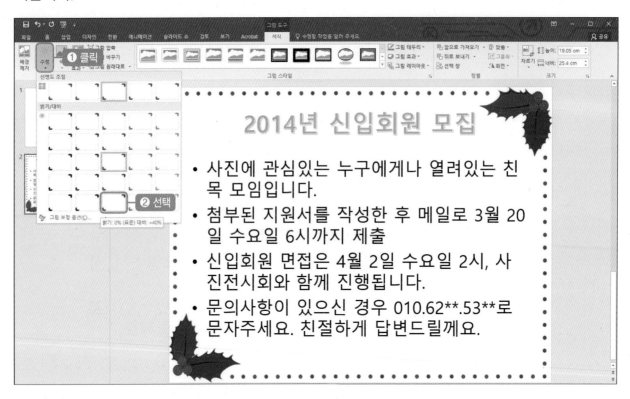

08 [파일] 탭-[다른 이름으로 저장]-[찾아보기]을 클릭하여 작업한 파일을 '동호회모집(완성).pptx'로 저장합니다.

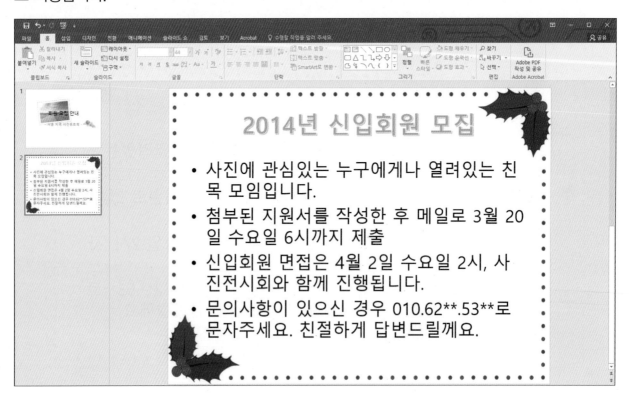

01 새로운 프레젠테이션 문서를 만들기 위해 [파일] 탭–[새로 만들기]에서 [새 프레젠테이션]을 클릭합니다.

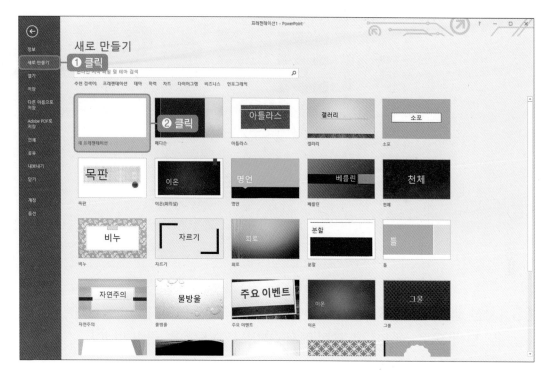

02 [삽입] 탭–[이미지] 그룹에서 [사진 앨범]의 목록 단추(▼)를 눌러 [새 사진 앨범]을 클릭합니다.

03 [사진 앨범] 대화상자가 나타나면 〈파일/디스크〉 단추를 클릭합니다.

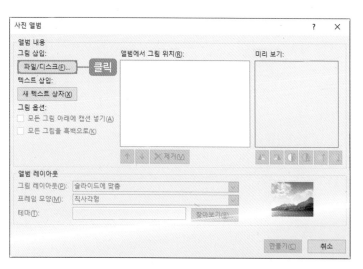

04 [새 그림 삽입] 대화상자가 나타나면 [예제파일]-'코알라.jpg', '튤립.jpg', '펭귄.jpg', '해파리.jpg' 파일을 **Ctrl** 키를 누른 상태에서 이미지를 클릭하고 〈삽입〉 단추를 클릭합니다.

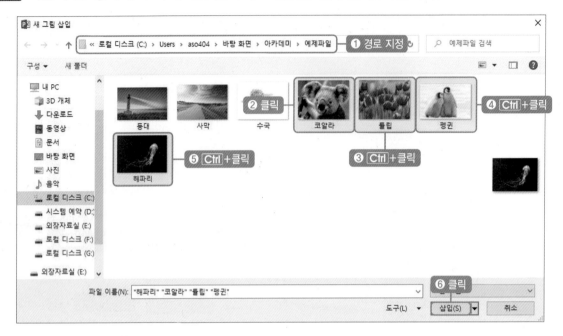

05 [사진 앨범] 대화상자의 '앨범 레이아웃'에서 '그림 레이아웃(그림 2개)', '프레임 모양(단순형 프레임, 흰색)'으로 선택한 후 '테마'에서 〈찾아보기〉 단추를 클릭합니다.

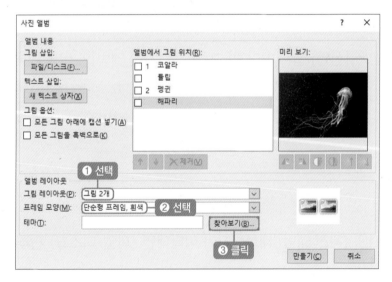

06 [테마 선택] 대화상자가 나타나면 'Wisp'를 선택하고 〈선택〉 단추를 클릭합니다.

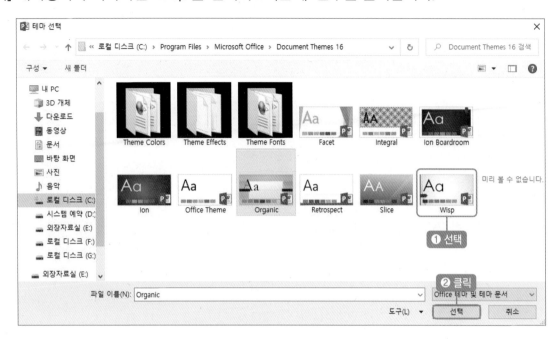

07 [사진 앨범] 대화상자에서 〈만들기〉 단추를 클릭하면 새로운 프리젠테이션 문서로 사진 앨범이 만들어집니다.

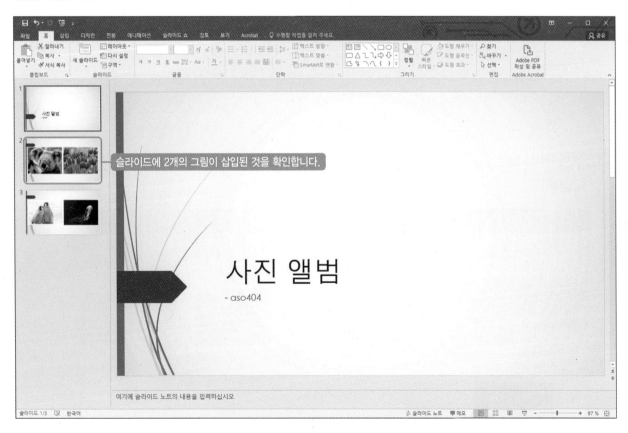

05 | 사진앨범 꾸미기

01 [삽입] 탭-[이미지] 그룹에서 [사진 앨범]의 목록 단추(▼)를 눌러 [사진 앨범 편집]을 클릭합니다.

02 [사진 앨범 편집] 대화상자가 나타나면 다음과 같이 지정한 후 〈업데이트〉 단추를 클릭합니다.

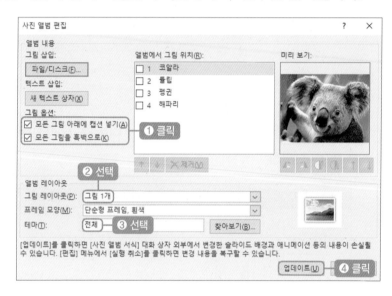

03 전체 사진 앨범을 확인하기 위해 [보기] 탭-[프레젠테이션 보기] 그룹에서 [여러 슬라이드]를 클릭합니다.

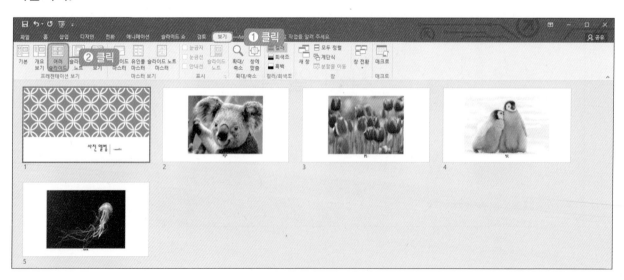

04 1번 슬라이드를 더블 클릭하여 [기본] 보기로 변경한 후 다음과 같이 내용을 수정합니다.

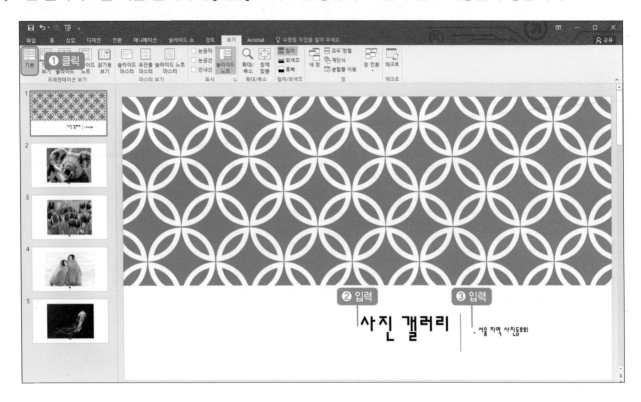

05 [파일] 탭-[다른 이름으로 저장]-[찾아보기]를 클릭하여 작업한 파일을 '사진전시회(완성).pptx'로 저장합니다.

● **예제파일** : 없음   ● **완성파일** : 포토앨범(완성).pptx

1 다음과 같이 그림을 삽입한 후 온라인 그림을 이용하여 앨범을 꾸며 보세요.

HINT ❶ [홈] 탭-[슬라이드] 그룹에서 [레이아웃]의 [빈 화면]을 선택

❷ [삽입] 탭-[이미지] 그룹에서 [그림]을 클릭하여 [예제파일]-'사진-1.jpg' 파일을 삽입, 크기와 위치 조절

❸ [그림 도구]-[서식] 탭-[그림 스타일] 그룹에서 〈자세히(▾)〉 단추를 눌러 [일반 프레임, 검정]을 선택

❹ 온라인 그림 삽입 : [삽입] 탭-[이미지] 그룹에서 [온라인 그림]을 클릭, '검색 대상(꽃)'

예제파일 : 없음   완성파일 : 사진앨범(완성).pptx

2 다음과 같이 사진 앨범을 만들고 저장해 보세요.

[1번 슬라이드]

나의 사진 앨범

- 홍길동

[2번 슬라이드]

HINT ❶ [삽입] 탭−[이미지] 그룹에서 [사진 앨범]을 클릭한 후 [새 사진 앨범]을 선택하여 그림 추가

❷ [사진 앨범] 대화상자에서 '그림 레이아웃(그림 4개)', '프레임 모양(사각형 가운데 그림 자)', '테마(Facet)'를 선택

❸ 1번 슬라이드의 내용 수정

❹ 2번 슬라이드에 삽입된 사진의 크기와 위치 변경

09 CHAPTER

SmartArt 그래픽 삽입하기

◉ **예제파일** : 초코칩 쿠키 만들기.pptx ◈ **완성파일** : 초코칩 쿠키 만들기(완성).pptx

✳ 이번 장에서는

SmartArt 그래픽 기능을 이용하여 텍스트 내용을 도형 형태로 변환시키거나 다이어그램 갤러리를 이용하여 도형화된 내용으로 표현하는 방법에 대해 알아보겠습니다.

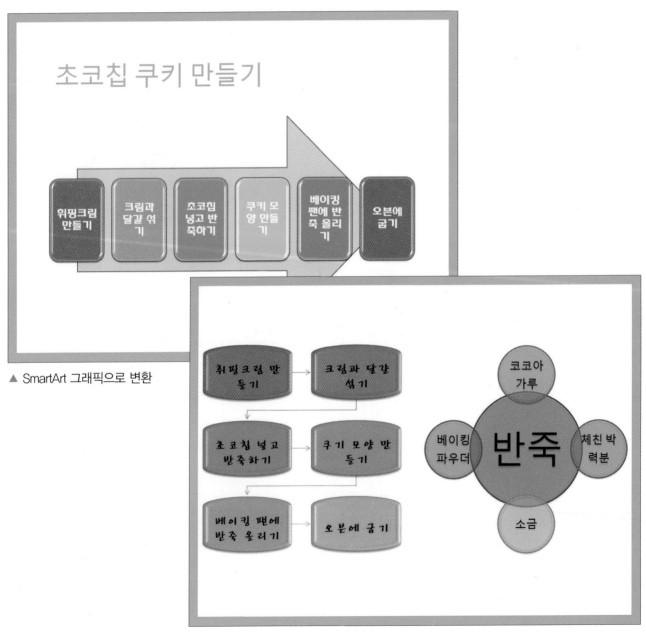

▲ SmartArt 그래픽으로 변환

▲ SmartArt 그래픽에 스마트 아트 스타일 지정

01 [파일] 탭-[열기]-[찾아보기]를 클릭하여 '초코칩 쿠키 만들기.pptx' 파일을 불러옵니다.

02 [디자인] 탭-[테마] 그룹에서 〈자세히(▽)〉 단추를 눌러 [Office]-[기본]을 선택합니다.

03 텍스트 개체 틀을 클릭한 후 [홈] 탭-[단락] 그룹에서 [SmartArt로 변환]을 클릭한 후 [기타 SmartArt 그래픽]을 선택합니다.

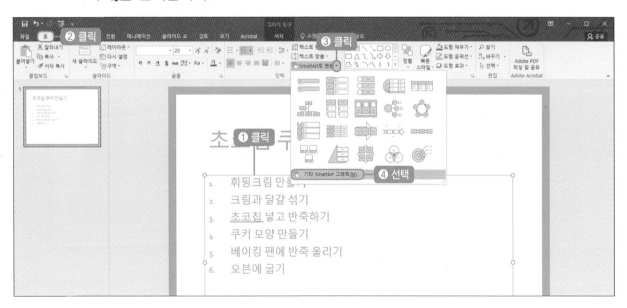

04 [SmartArt 그래픽 선택] 대화상자가 나타나면 [프로세스형]에서 [연속 블록 프로세스형]을 선택하고 〈확인〉 단추를 클릭합니다.

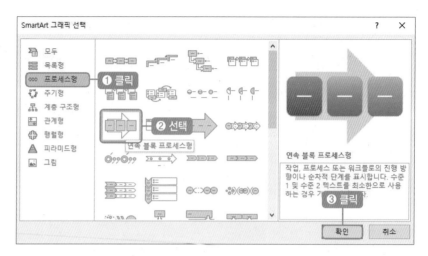

05 SmartArt 그래픽의 테두리를 클릭한 후 [홈] 탭-[글꼴] 그룹에서 '글꼴(HY수평선B)', '글꼴 크기(16)'으로 선택합니다.

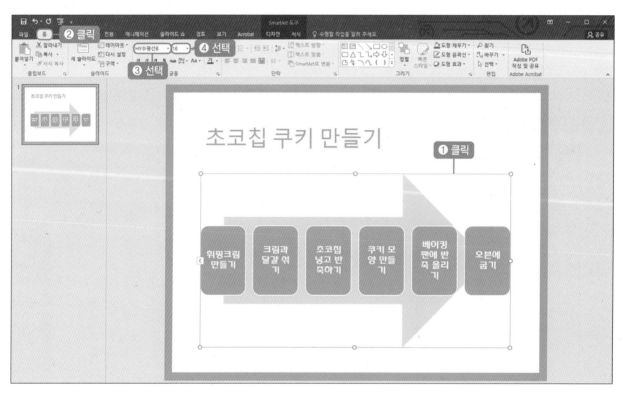

06 [SmartArt 도구]–[디자인] 탭–[SmartArt 스타일] 그룹에서 [색 변경]을 클릭한 후 [색상형]–[색상형 – 강조색]을 선택합니다.

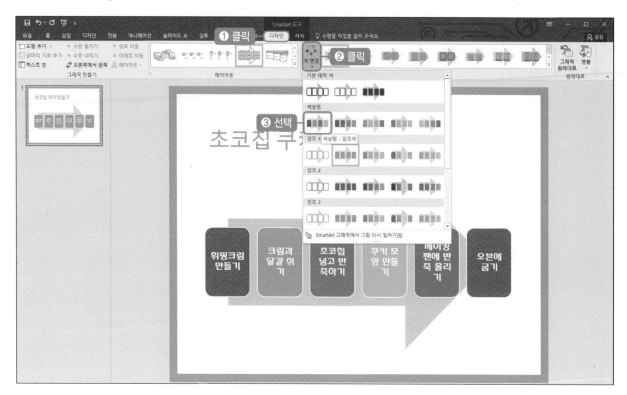

07 [SmartArt 도구]–[디자인] 탭–[SmartArt 스타일] 그룹에서 〈자세히(▾)〉 단추를 눌러 [3차원]–[만화]를 선택합니다.

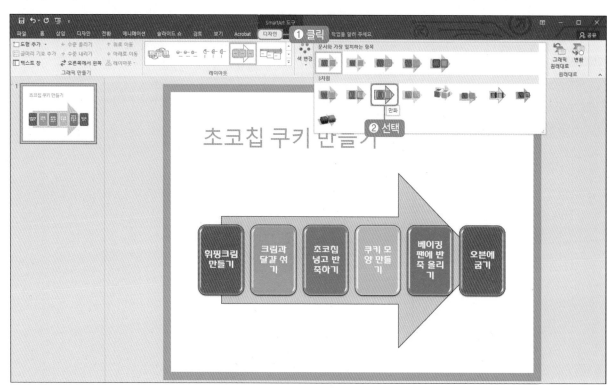

02 ⦂ SmartArt 그래픽 만들기

01 [홈] 탭-[슬라이드] 그룹에서 [새 슬라이드]의 목록 단추(▾)를 눌러 [빈 화면]을 선택합니다.

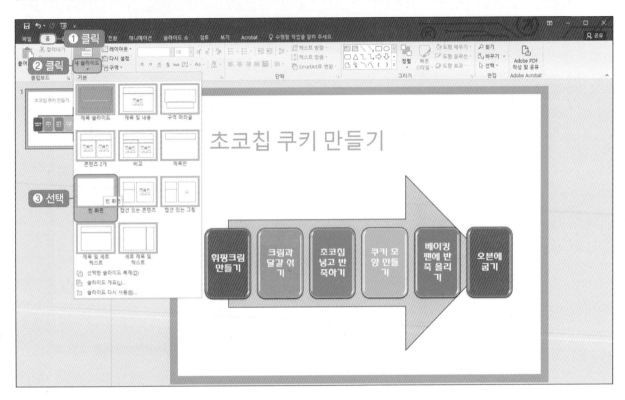

02 [삽입] 탭-[일러스트레이션] 그룹에서 [SmartArt]를 클릭합니다.

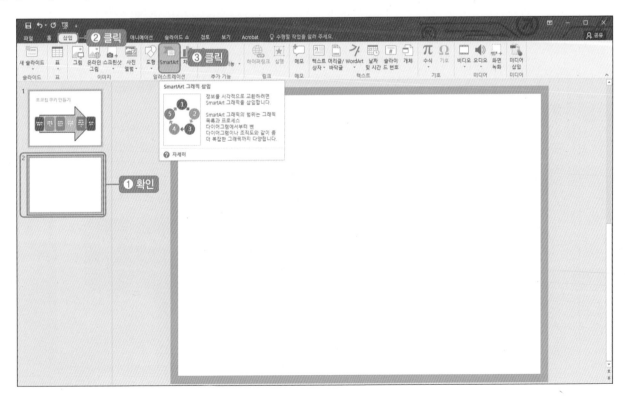

03 [SmartArt 그래픽 선택] 대화상자가 나타나면 [프로세스형]−[반복 벤딩 프로세스형]을 선택하고
〈확인〉 단추를 클릭합니다.

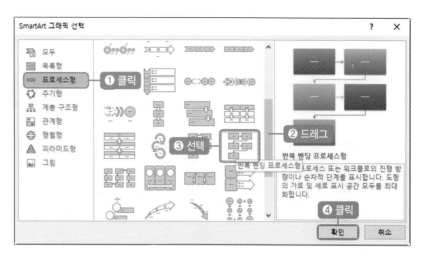

04 다음과 같이 SmartArt의 위치를 이동한 후 크기를 조절합니다.

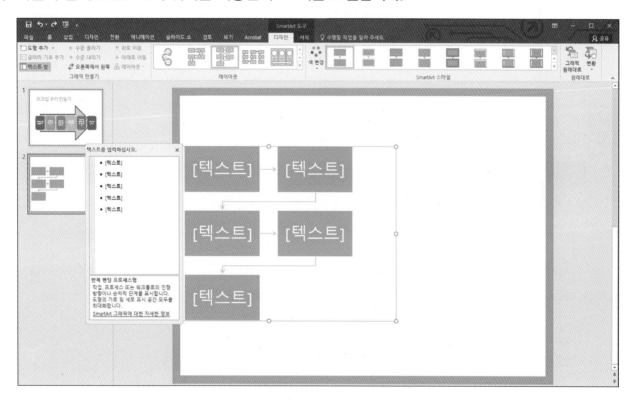

05 SmartArt에서 첫 번째 도형을 선택하고 [SmartArt 도구]-[디자인] 탭-[그래픽 만들기] 그룹에서 [도형 추가]의 목록 단추(▼)를 눌러 [뒤에 도형 추가]를 선택합니다.

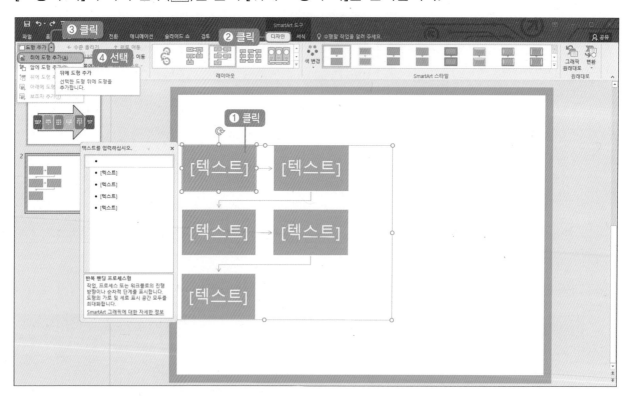

06 다음과 같이 도형을 클릭하여 내용을 입력합니다.

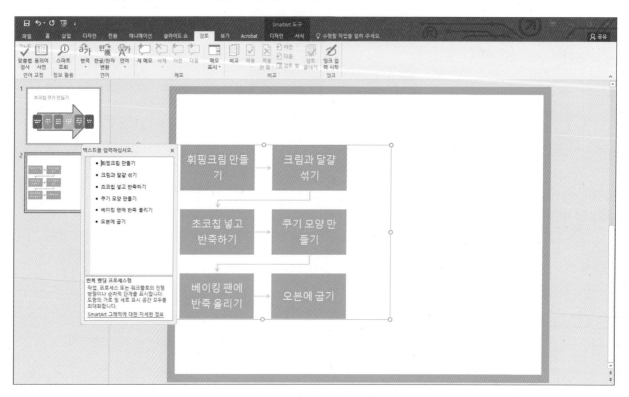

07 [SmartArt 도구]-[디자인] 탭-[SmartArt 스타일] 그룹에서 [색 변경]을 클릭한 후 [색상형]-[색
상형 범위-강조색 2 또는 3]을 선택합니다.

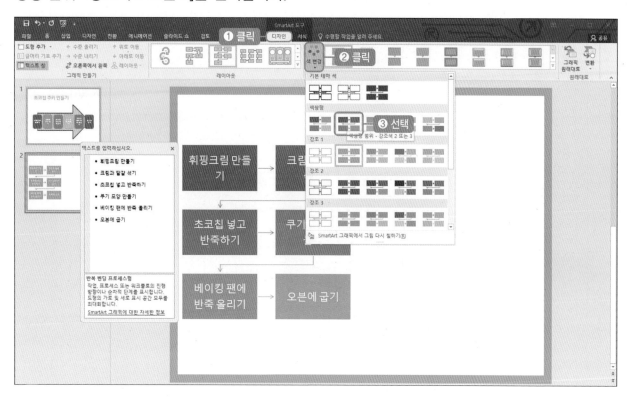

08 [SmartArt 도구]-[디자인] 탭-[SmartArt 스타일] 그룹에서 〈자세히(▼)〉 단추를 눌러 [3차
원]-[경사]를 선택합니다.

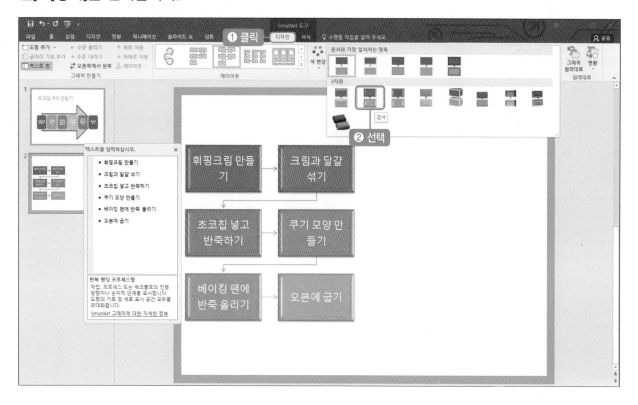

09 SmartArt에서 첫 번째 도형을 선택한 후 **Ctrl** 키를 이용하여 나머지 도형을 모두 선택합니다. [SmartArt 도구]-[서식] 탭-[도형] 그룹에서 [도형 모양 변경]을 클릭한 후 [순서도]-[순서도: 자기디스크(⬡)]를 선택합니다.

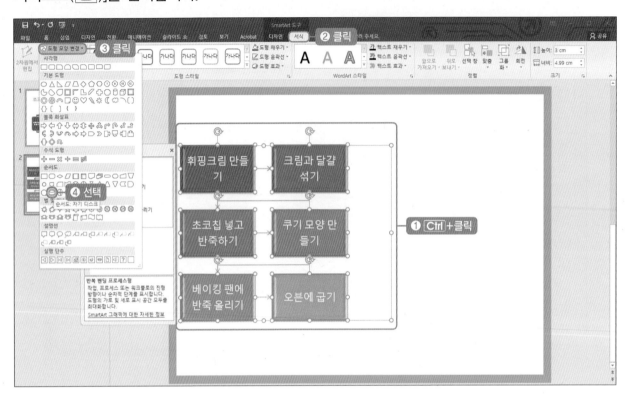

10 [홈] 탭-[글꼴] 그룹에서 '글꼴(HY바다M)', '글꼴 크기(20)', '글꼴 색(테마 색-검정, 텍스트 1)'으로 선택합니다. 이어서 **Esc** 키를 눌러 SmartArt 선택을 해제합니다.

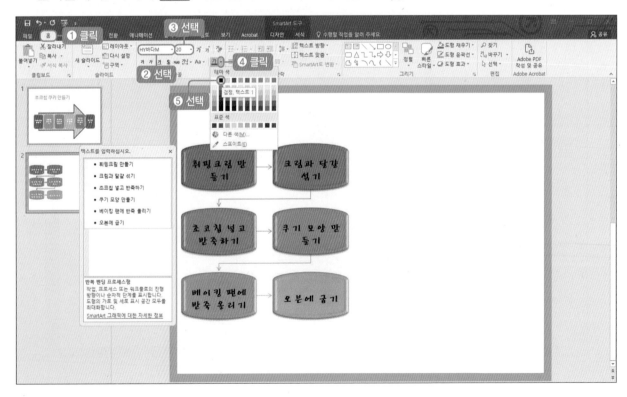

11 [삽입] 탭-[일러스트레이션] 그룹에서 [SmartArt]를 클릭합니다. [SmartArt 그래픽 선택] 대화상
자가 나타나면 [관계형]-[방사형 벤형]을 선택하고 〈확인〉 단추를 클릭합니다.

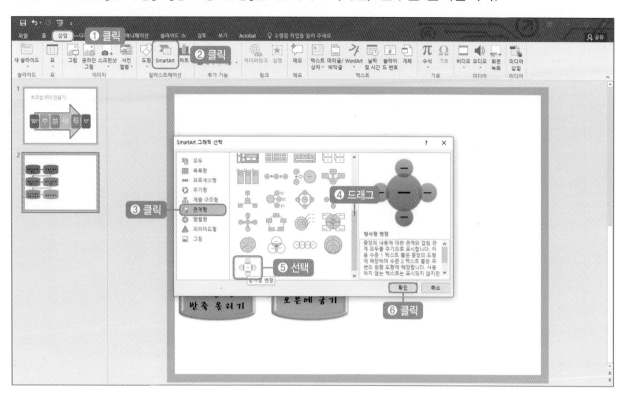

12 다음과 같이 SmartArt의 위치를 이동한 후 크기를 조절합니다.

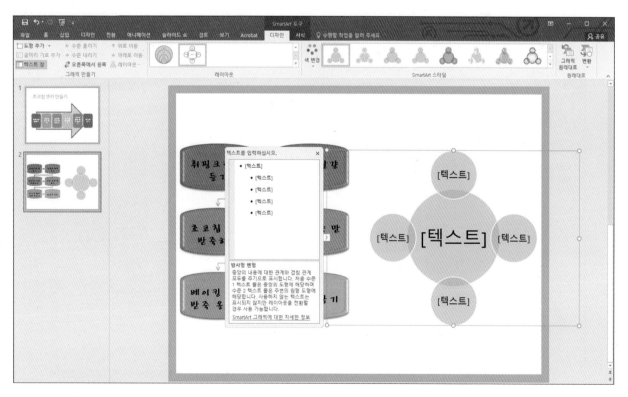

13 다음과 같이 도형을 클릭하여 내용을 입력합니다.

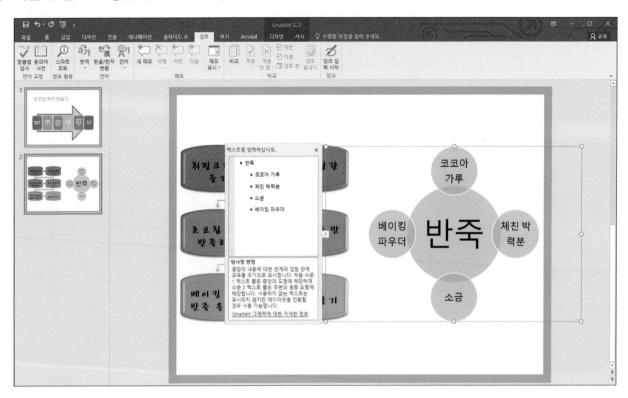

14 [SmartArt 도구]-[디자인] 탭-[SmartArt 스타일] 그룹에서 [색 변경]을 클릭한 후 [색상형]-[색상형 - 강조색]을 선택합니다.

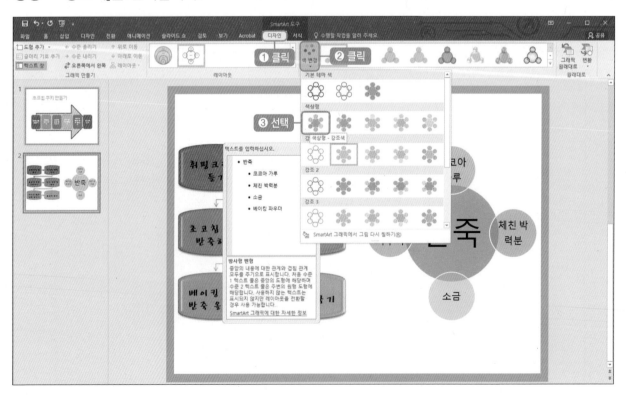

15 [SmartArt 도구]-[디자인] 탭-[SmartArt 스타일] 그룹에서 〈자세히(▾)〉 단추를 눌러 [문서와 가장 일치하는 항목]-[강한 효과]를 선택합니다.

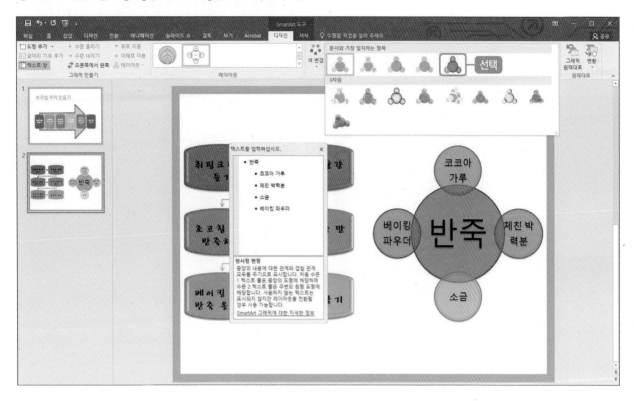

16 슬라이드 빈 곳을 클릭하여 SmartArt 편집을 끝냅니다. [파일] 탭-[다른 이름으로 저장]-[찾아보기]을 클릭하여 작업한 파일을 '초코칩 쿠키 만들기(완성).pptx'로 저장합니다.

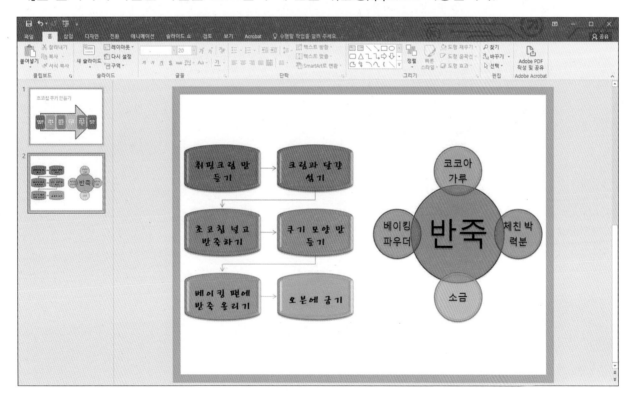

◎ **예제파일** : 없음   ◎ **완성파일** : 환경성질환(완성).pptx

1 다음과 같이 SmartArt를 작성한 후 저장해 보세요.

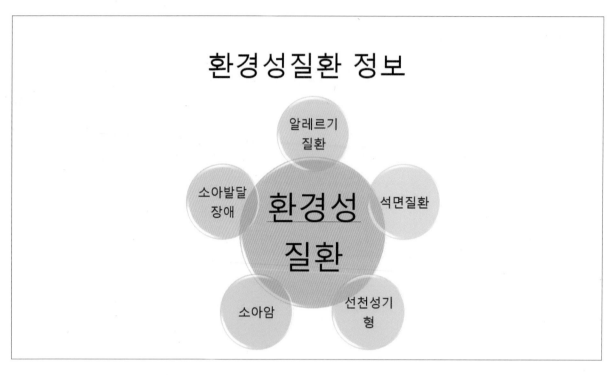

HINT ❶ [홈] 탭–[슬라이드] 그룹에서 [레이아웃]을 클릭한 후 [제목 및 내용]을 선택, 제목 입력

❷ SmartArt 삽입 : [주기형]–[방사형 벤형]을 선택, 도형 추가, 내용 입력

❸ [SmartArt 도구]–[디자인] 탭–[SmartArt 스타일] 그룹에서 [색 변경]을 클릭한 후 [색상형]–[색상형 범위 – 강조 5 또는 6]을 선택

❹ [SmartArt 도구]–[디자인] 탭–[SmartArt 스타일] 그룹에서 〈자세히(▾)〉 단추를 눌러 [3차원]–[광택 처리]를 선택

⊙ **예제파일** : 없음   ⊙ **완성파일** : 대기오염(완성).pptx

2 다음과 같이 SmartArt를 작성한 후 저장해 보세요.

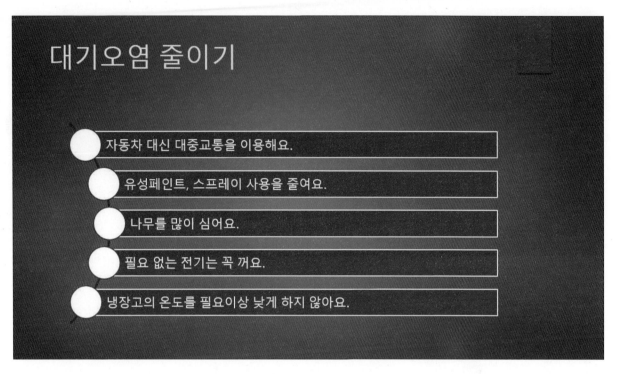

HINT ❶ [홈] 탭−[슬라이드] 그룹에서 [레이아웃]을 클릭한 후 [제목 및 내용]을 선택, 제목 입력

❷ SmartArt 삽입 : [목록형]−[세로 곡선 목록형]을 선택, 도형 추가, 내용 입력

❸ [디자인] 탭−[테마] 그룹에서 〈자세히(▽)〉 단추를 눌러 [Office]−[이온]을 선택

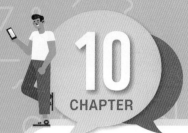

10 CHAPTER 차트 삽입하고 꾸미기

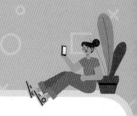

예제파일 : 설문조사결과.pptx **완성파일** : 설문조사결과(완성).pptx

✖ 이번 장에서는

엑셀을 활용하여 데이터를 입력하여 차트를 삽입한 후 꾸미고, 차트 종류를 변경하는 방법에 대해 알아보겠습니다.

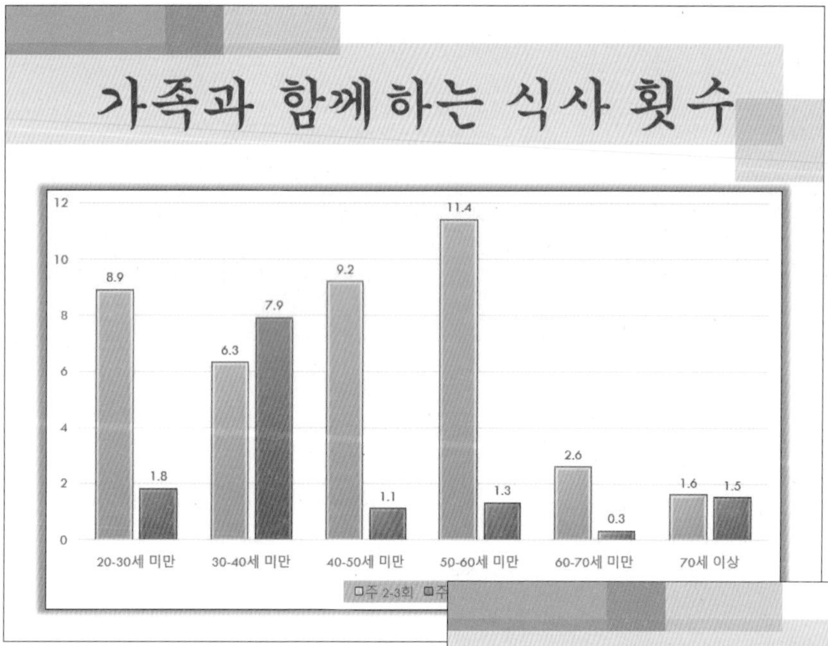

▲ 1번 슬라이드

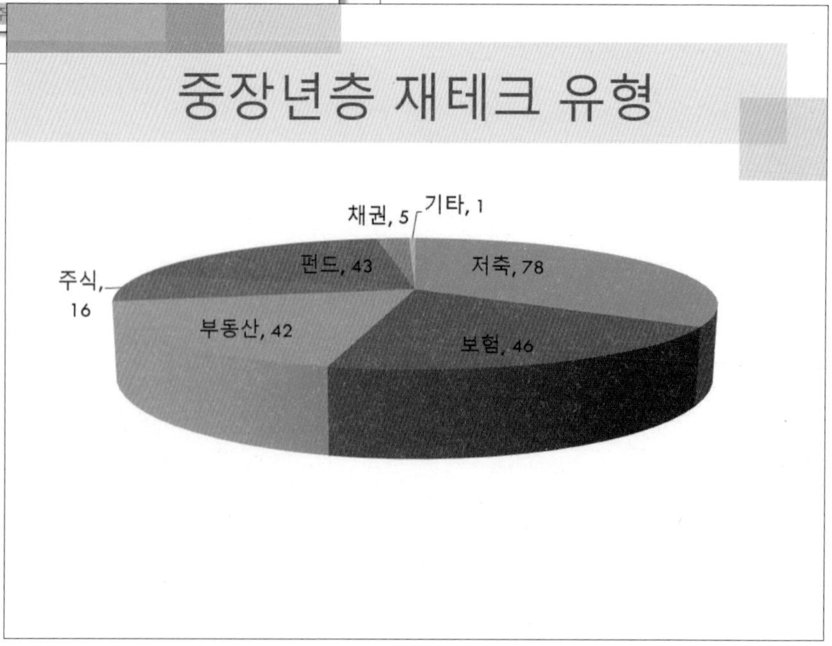

▲ 2번 슬라이드

01 [파일] 탭–[열기]–[찾아보기]를 클릭하여 '설문조사결과.pptx' 파일을 불러옵니다.

02 차트를 삽입하기 위해 내용 개체 틀에서 차트 삽입(📊) 아이콘을 클릭합니다.

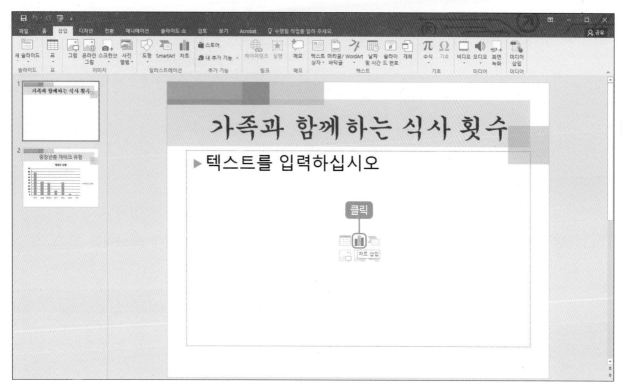

TIP

[삽입] 탭–[일러스트레이션] 그룹에서 [차트]를 클릭해도 됩니다.

03 [차트 삽입] 대화상자가 나타나면 [세로 막대형]–[묶은 세로 막대형(📊)]을 선택하고 〈확인〉 단추를 클릭합니다.

04 [Microsoft PowerPoint의 차트] 창이 나타나면 다음과 같이 내용을 입력합니다.

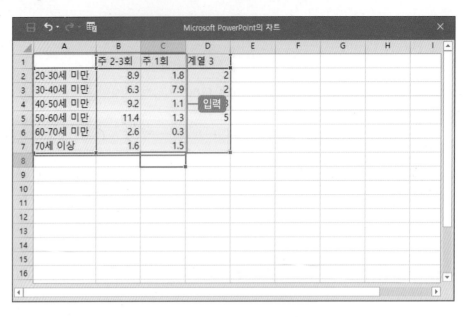

05 다음과 같이 차트 데이터 범위의 크기를 조정하기 위해 오른쪽 아래 모서리를 왼쪽으로 드래그 합니다.

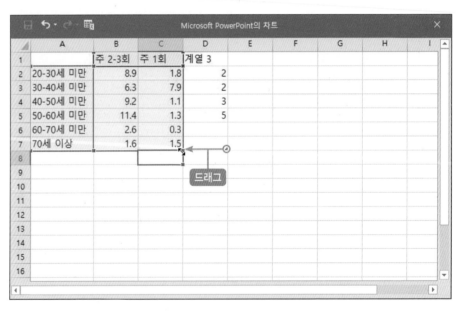

06 필요없는 데이터는 블록 지정한 후 Delete 키를 눌러 삭제한 후 〈닫기(☒)〉 단추를 클릭합니다.

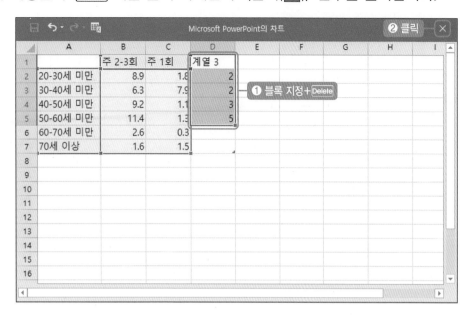

02 : 차트 꾸미기

01 차트가 선택된 상태에서 [차트 도구]–[디자인] 탭–[차트 레이아웃] 그룹에서 [빠른 레이아웃]을 클릭하여 '레이아웃 2'를 선택합니다.

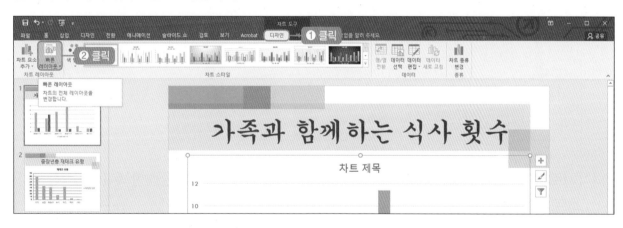

▼

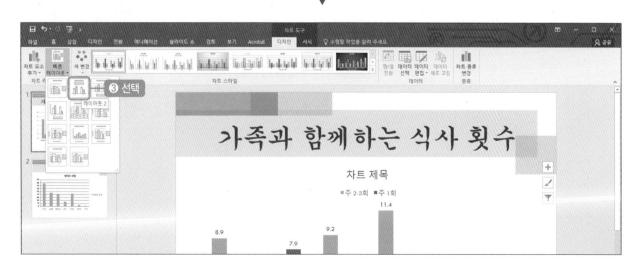

02 [차트 도구]-[디자인] 탭-[차트 스타일] 그룹에서 〈자세히(⟱)〉 단추를 눌러 [스타일 14]을 선택합니다.

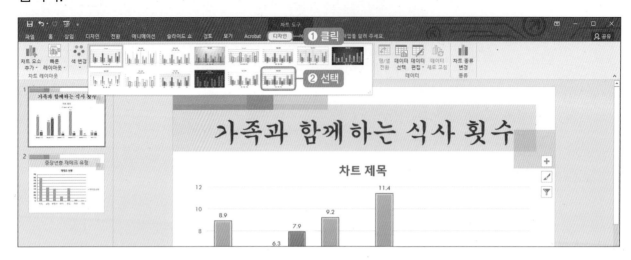

03 [차트 도구]-[디자인] 탭-[차트 레이아웃] 그룹에서 [차트 요소 추가]를 클릭한 후 [차트 제목]-[없음]을 선택합니다.

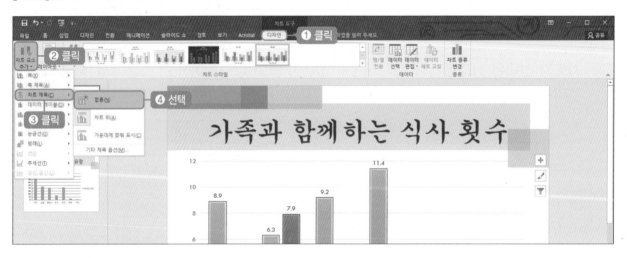

04 [차트 도구]-[서식] 탭-[도형 스타일] 그룹에서 [도형 윤곽선]을 클릭한 후 [테마 색]-[검정, 텍스트 1]을 선택합니다.

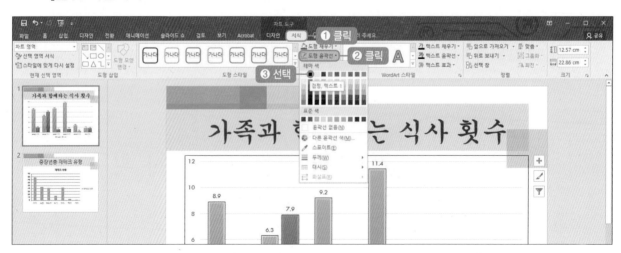

05 [차트 도구]-[서식] 탭-[도형 스타일] 그룹에서 [도형 효과]를 클릭한 후 [그림자]-[바깥쪽]-[오프셋 가운데]를 선택합니다.

06 차트에서 범례를 클릭하고 [차트 도구]-[서식] 탭-[도형 스타일] 그룹에서 [도형 채우기]를 클릭한 후 [테마색]-[주황, 강조 6, 40% 더 밝게]를 선택합니다.

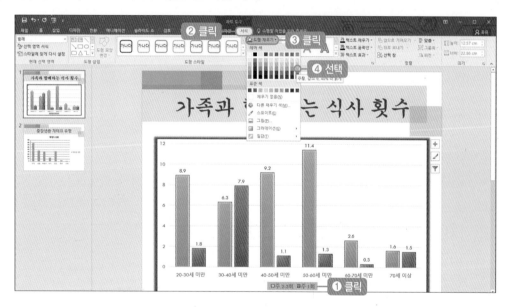

07 차트 위치를 이동한 후 Esc 키를 눌러 차트 선택을 해제합니다.

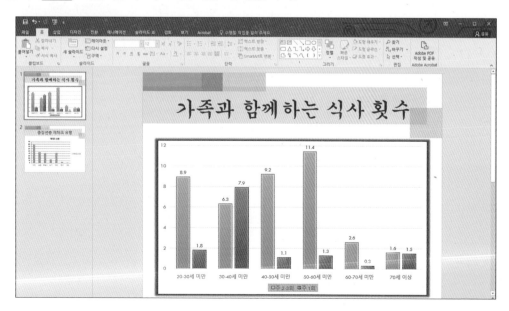

01 2번 슬라이드를 클릭합니다. 차트를 클릭한 후 [차트 도구]-[디자인] 탭-[종류] 그룹에서 [차트 종류 변경]을 클릭합니다.

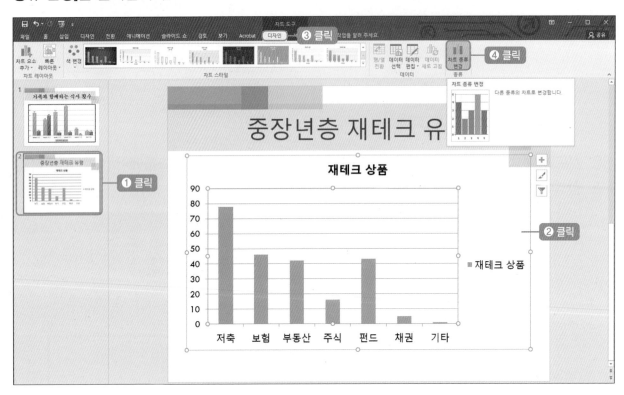

02 [차트 종류 변경] 대화상자가 나타 나면 다음과 같이 변경할 차트 종 류를 선택하고 〈확인〉 단추를 클릭 합니다.

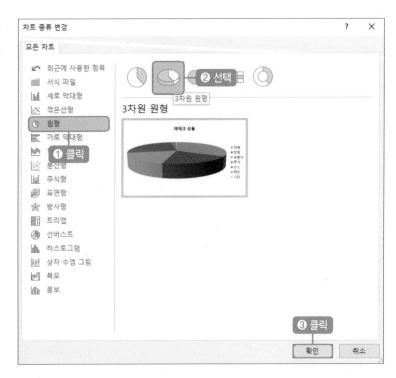

03 [차트 도구]–[디자인] 탭–[차트 레이아웃] 그룹에서 [빠른 레이아웃]을 클릭한 후 [레이아웃 4]를 선택합니다.

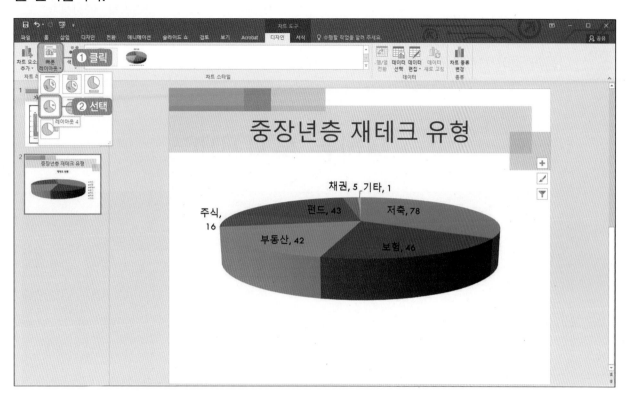

04 [Esc] 키를 눌러 차트 선택을 해제합니다. [파일] 탭–[다른 이름으로 저장]–[찾아보기]를 클릭하여 작업한 파일을 '설문조사결과(완성).pptx'로 저장합니다.

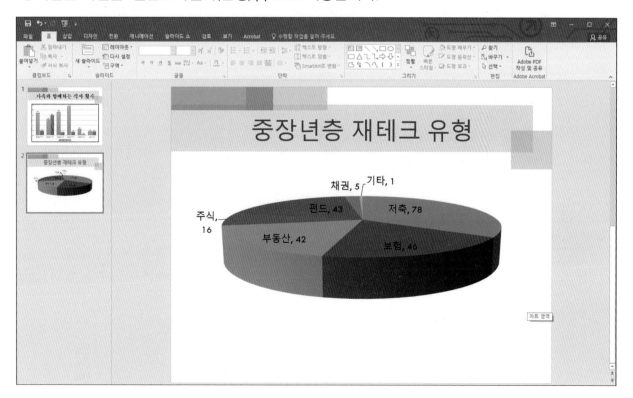

◎ 예제파일 : 없음   ◎ 완성파일 : 복지서비스(완성).pptx

1 다음과 같이 차트를 작성한 후 저장해 보세요.

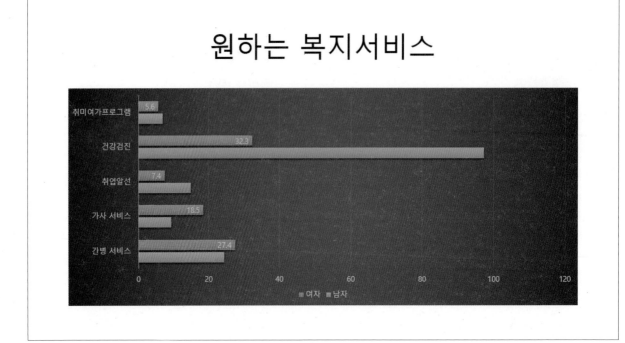

HINT ❶ [홈] 탭-[슬라이드] 그룹에서 [레이아웃]을 클릭한 후 [제목 및 내용]을 선택, 제목 입력

❷ 제목 입력 후 차트(묶은 가로 막대형) 작성

▶ 입력 데이터

	A	B	C
1		남자	여자
2	간병 서비스	24.3	27.4
3	가사 서비스	9.2	18.5
4	취업알선	14.9	7.4
5	건강검진	97.2	32.3
6	취미여가프로그램	6.9	5.6

❸ [차트 도구]-[디자인] 탭-[차트 레이아웃] 그룹에서 [빠른 레이아웃]을 클릭한 후 [레이아웃 9]를 선택

❹ 차트 제목 삭제

❺ [차트 도구]-[디자인] 탭-[차트 스타일] 그룹에서 〈자세히(▽)〉 단추를 눌러 [스타일 7]을 선택

활용마당

◈ 예제파일 : 없음　◈ 완성파일 : 노후준비(완성).pptx

2 다음과 같이 차트를 작성한 후 저장해 보세요.

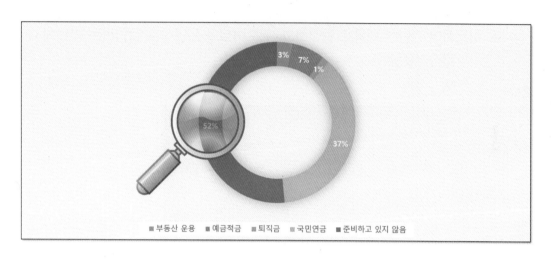

HINT ❶ [홈] 탭-[슬라이드] 그룹에서 [레이아웃]을 클릭한 후 [제목 및 내용]을 선택, 제목 입력
　　 ❷ 제목 입력한 후 차트(도넛형) 작성
　　　　▶ 입력 데이터

	A	B
1		판매
2	부동산 운용	5.1
3	예금적금	11.3
4	퇴직금	2.5
5	국민연금	61.2
6	준비하고 있지 않음	85.5

　　 ❸ [차트 도구]-[디자인] 탭-[차트 레이아웃] 그룹에서 [빠른 레이아웃]을 클릭한 후 [레이아웃 2]를 선택

　　 ❹ 차트 제목 삭제

　　 ❺ [차트 도구]-[디자인] 탭-[차트 스타일] 그룹에서 〈자세히(▼)〉 단추를 눌러 [스타일 10]를 선택

　　 ❻ [차트 도구]-[서식] 탭-[도형 스타일] 그룹에서 [도형 윤곽선]을 클릭한 후 [테마색]-[검정, 텍스트 1]을 선택

　　 ❼ [차트 도구]-[디자인] 탭-[도형 스타일] 그룹에서 [도형 효과]를 클릭한 후 [그림자]-[바깥쪽]-[오프셋 대각선 오른쪽 아래]를 선택

　　 ❽ 온라인 그림 : '검색 대상'-'돋보기'

CHAPTER 11
텍스트 상자와 비디오 삽입하기

◁ **예제파일** : 여행이야기.pptx   ◁ **완성파일** : 여행이야기(완성).pptx

✖ 이번 장에서는

텍스트 상자를 이용하여 간단한 내용을 입력하고, 워드아트와 동영상을 삽입하는 방법에 대해 알아보겠습니다.

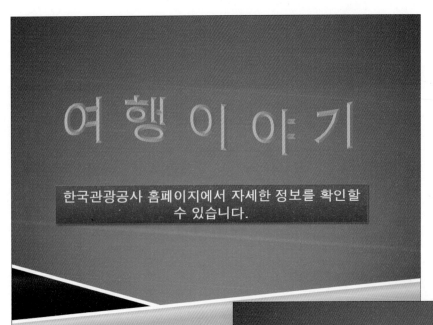

▲ 1번 슬라이드

▲ 2번 슬라이드

01 [파일] 탭-[열기]-[찾아보기]를 클릭하여 '여행이야기.pptx' 파일을 불러옵니다.

02 [삽입] 탭-[텍스트] 그룹에서 [텍스트 상자]의 목록 단추(▾)를 눌러 [가로 텍스트 상자]를 선택합니다.

03 다음과 같이 슬라이드 위에 입력할 위치를 클릭하고 내용을 입력합니다.

04 [그리기 도구]-[서식] 탭-[도형 스타일] 그룹에서 [도형 채우기]를 클릭한 후 [표준 색]-[빨강]을 선택합니다.

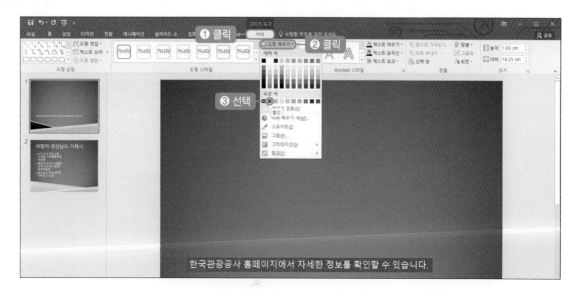

05 [그리기 도구]-[서식] 탭-[도형 스타일] 그룹에서 [도형 채우기]를 클릭한 후 [그라데이션]-[어두운 그라데이션]-[선형 위쪽]을 선택합니다.

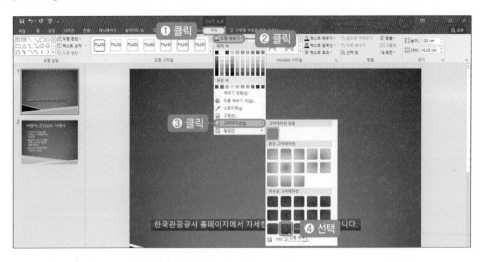

06 [그리기 도구]-[서식] 탭-[도형 스타일] 그룹에서 [도형 윤곽선]을 클릭한 후 [테마 색]-[주황, 강조 5]를 선택합니다.

07 [그리기 도구]-[서식] 탭-[도형 스타일] 그룹에서 [도형 효과]를 클릭한 후 [그림자]-[바깥쪽]-[오프셋 대각선 오른쪽 아래]를 선택합니다.

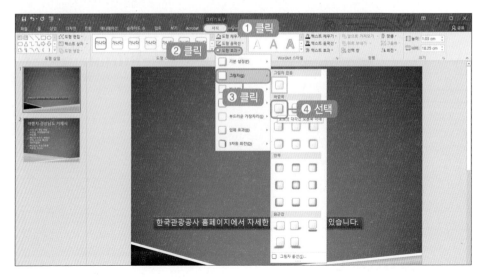

08 [홈] 탭-[글꼴] 그룹에서 '글꼴(돋움)', '글꼴 크기(24)', '굵게'로 선택한 후 [단락] 그룹에서 '가운데 맞춤(≡)'을 클릭합니다. 크기 조절 핸들(○)을 이용하여 텍스트 상자의 크기를 조절하고 **Esc** 키를 눌러 텍스트 상자의 선택을 해제합니다.

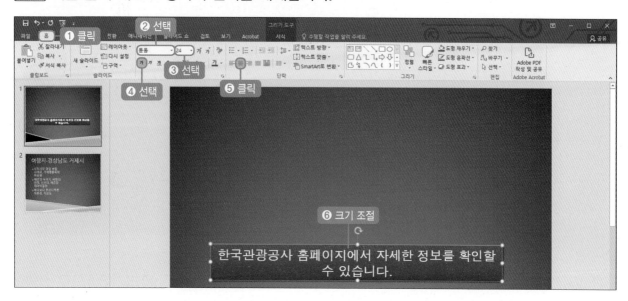

02 : 워드아트 삽입하기

01 [삽입] 탭-[텍스트] 그룹에서 [WordArt]를 클릭한 후 [그라데이션 채우기 − 회색-50%, 강조 4, 윤곽선 − 강조 4]를 선택합니다.

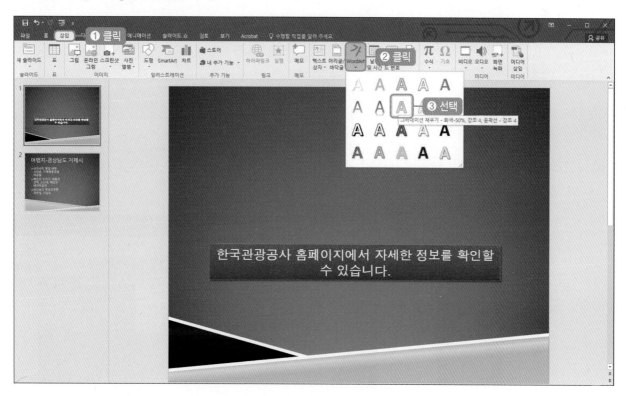

02 WordArt(워드아트)가 삽입되면 '여 행 이 야 기'를 입력합니다.

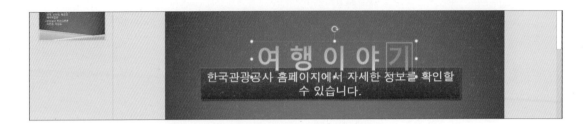

03 WordArt(워드아트)의 테두리를 클릭한 후 [홈] 탭-[글꼴] 그룹에서 '글꼴 크기(80)'으로 선택합니다.

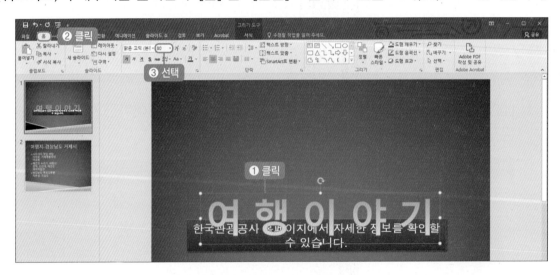

04 [그리기 도구]-[서식] 탭-[WordArt 스타일] 그룹에서 〈자세히(▾)〉 단추를 눌러 [채우기 - 황금색, 강조 3, 선명한 입체]를 선택합니다.

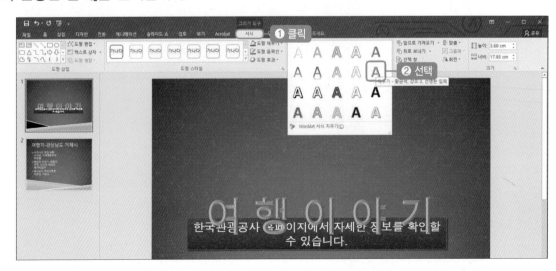

05 [그리기 도구]-[서식] 탭-[WordArt 스타일] 그룹에서 [텍스트 효과]를 클릭한 후 [변환]-[휘기]-[물결 1]을 선택합니다.

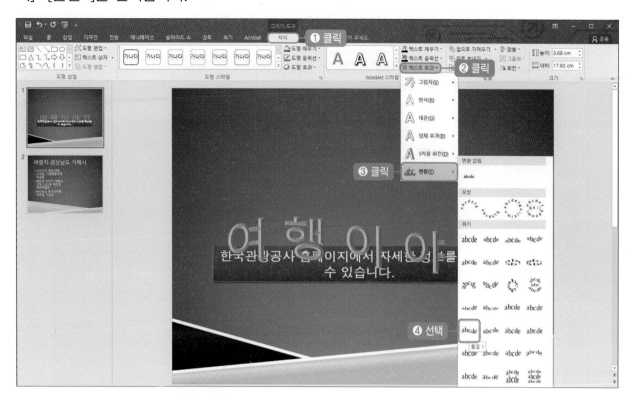

06 다음과 같이 WordArt(워드아트)를 드래그하여 위치를 이동합니다.

01 2번 슬라이드를 클릭한 후 내용 개체 틀에서 비디오 삽입(🔳) 아이콘을 클릭합니다.

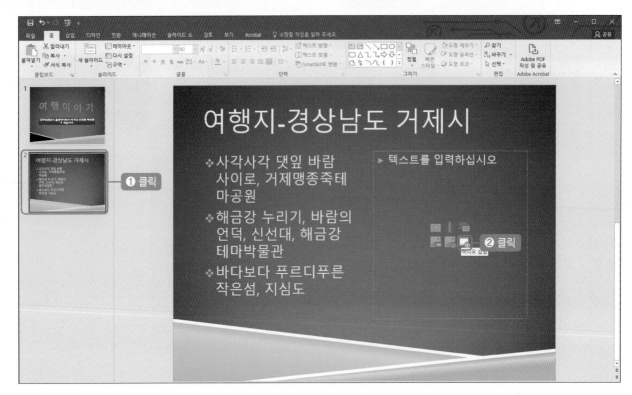

TIP

[삽입] 탭-[미디어] 그룹에서 [비디오]를 클릭한 후 [내 PC의 비디오]를 선택해도 됩니다.

02 [비디오 삽입] 대화상자가 나타나면 다음과 같이 '스마트투어.mp4' 파일을 선택한 후 〈삽입〉 단추를 클릭합니다.

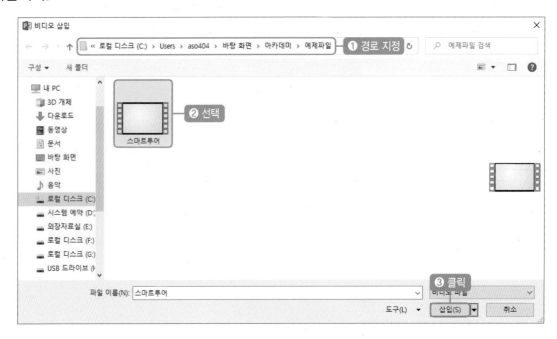

03 비디오 개체가 선택된 상태에서 [비디오 도구]-[서식] 탭-[미리보기] 그룹에서 [재생]을 클릭하여 비디오가 재생되는지 확인합니다.

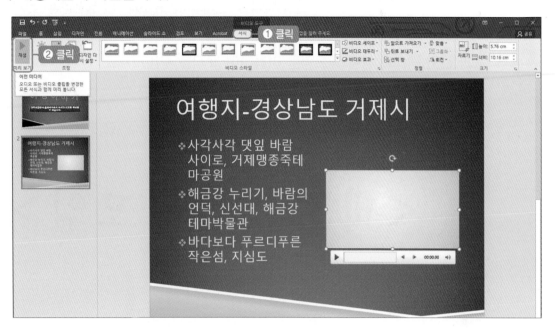

TIP

재생중인 비디오를 종료하려면 비디오 개체를 제외한 아무 곳이나 클릭하면 비디오가 종료됩니다.

04 [비디오 도구]-[서식] 탭-[비디오 스타일] 그룹에서 [비디오 효과]를 클릭한 후 [기본 설정]-[미리 설정]-[기본 설정 4]를 선택합니다. **Esc** 키를 눌러 비디오 개체의 선택을 해제합니다.

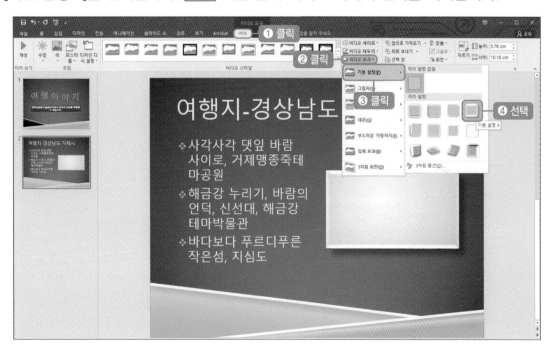

05 [파일] 탭-[다른 이름으로 저장]-[찾아보기]를 클릭하여 작업한 파일을 '여행이야기(완성).pptx'로 저장합니다.

예제파일 : 전시회방명록.pptx   완성파일 : 전시회방명록(완성).pptx

1 다음과 같이 텍스트 상자와 도형을 이용하여 표지를 꾸며보세요.

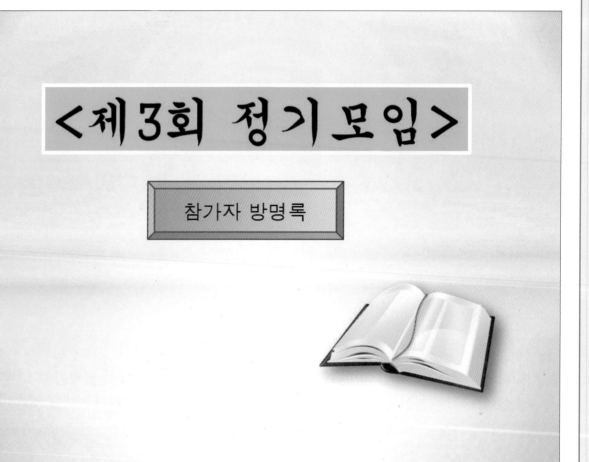

HINT **❶** '〈제3회 정기모임〉' 입력
- [삽입] 탭-[텍스트] 그룹에서 [텍스트 상자]를 클릭한 후 [가로 텍스트 상자]를 선택
- 내용 입력 → 글꼴(궁서), 글꼴 크기(60), 가운데 맞춤
- [그리기 도구]-[서식] 탭-[도형 스타일] 그룹에서
  [도형 채우기]-[테마 색]-[옥색, 강조 2]를 선택
  [도형 윤곽선]-[테마 색]-[흰색, 배경 1]을 선택
  [도형 윤곽선]-[두께]-[4½pt]를 선택

❷ '참가자 방명록' 입력
- [삽입] 탭-[일러스트레이션] 그룹에서 [도형]을 클릭한 후 [기본 도형]-[빗면]을 선택
- 내용 입력 → '글꼴(돋움)', '글꼴 크기(24)', '글꼴 색(테마 색-검정, 텍스트 1)'
- [그리기 도구]-[서식] 탭-[도형 스타일] 그룹에서
  [도형 채우기]-[그라데이션]-[그라데이션]-[선형 오른쪽]을 선택
  [도형 윤곽선]을 클릭한 후 [표준 색]-[자주]를 선택

◉ **예제파일** : 한국관광.pptx   ◉ **완성파일** : 한국관광(완성).pptx

2 다음과 같이 WordArt(워드아트)와 비디오 파일을 삽입한 후 저장해 보세요.

HINT ❶ '한국인의 꼭 가봐야 할' 입력
- [삽입] 탭-[텍스트] 그룹에서 [텍스트 상자]를 클릭한 후 [가로 텍스트 상자]를 선택
- 내용 입력 → '글꼴(HY동녘B)', '글꼴 크기(32)'

❷ WordArt(워드아트) 삽입
- [삽입] 탭-[텍스트] 그룹에서 [WordArt]를 클릭한 후 [채우기 – 파랑, 강조 2, 윤곽선 – 강조 2]를 선택
- 내용 입력 → '글꼴(HY수평선B)', '글꼴 크기(72)'
- [그리기 도구]-[서식] 탭-[WordArt 스타일] 그룹에서 [텍스트 효과]를 클릭한 후 [반사]-[반사 변형]-[전체 반사, 4 pt 오프셋]을 선택

❸ 비디오 파일(스마트투어.mp4) 삽입
- [삽입] 탭-[미디어] 그룹에서 [비디오]를 클릭한 후 [내 PC의 비디오]를 선택
- [비디오 도구]-[서식] 탭-[비디오 스타일] 그룹에서 〈자세히(▼)〉 단추를 눌러 [은은한 효과]-[입체 프레임, 그라데이션]을 선택

CHAPTER 12

애니메이션 효과로 생동감 주기

◎ **예제파일** : 사진갤러리.pptx   ◎ **완성파일** : 사진갤러리(완성).pptx

✱ 이번 장에서는

애니메이션 효과 지정과 슬라이드 화면전환 설정, 슬라이드 쇼 실행 기능을 이용하여 화려한 발표자료 문서를 만드는 방법에 대해 알아보겠습니다.

▲ 화면 전환 설정

▲ 애니메이션 효과 지정

01 [파일] 탭-[열기]-[찾아보기]를 클릭하여 '사진갤러리.pptx' 파일을 불러옵니다.

02 [전환] 탭-[슬라이드 화면 전환] 그룹에서 〈자세히(▼)〉 단추를 눌러 [화려한 효과]-[바둑판 무늬]를 클릭합니다.

03 [전환] 탭-[타이밍] 그룹에서 [소리]의 목록 단추(▼)를 눌러 [요술봉]을 선택합니다.

04 [전환] 탭-[타이밍] 그룹에서 [화면 전환]의 '마우스를 클릭할 때'를 클릭하여 체크 표시를 해제하고, '다음 시간 후'를 클릭하여 체크 표시를 한 후 ▲를 한 번 눌러 '1초'로 변경합니다.

05 [전환] 탭-[미리보기] 그룹에서 [미리보기]를 클릭한 후 설정한 화면 전환을 확인합니다.

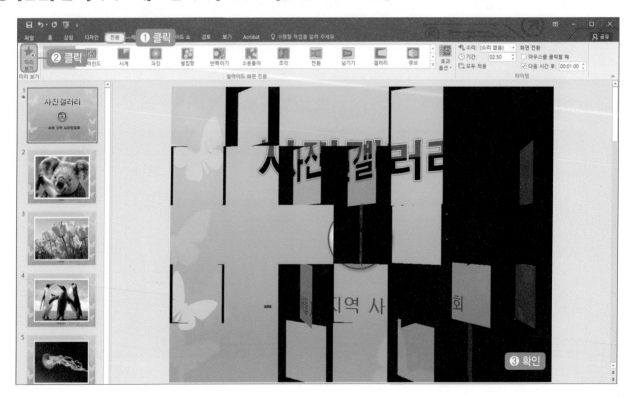

06 다음과 같이 각각의 슬라이드에 [전환] 탭-[슬라이드 화면 전환] 그룹에서 〈자세히(▾)〉 단추를 눌러 화면 전환을 설정합니다.

- 2번 슬라이드 : [은은한 효과]-[나누기]
- 4번 슬라이드 : [화려한 효과]-[반짝이기]
- 3번 슬라이드 : [화려한 효과]-[시계]
- 5번 슬라이드 : [동적 콘텐츠]-[회전]

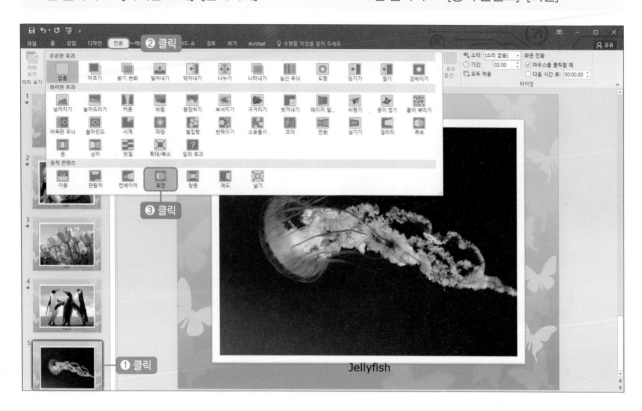

07 2번 슬라이드를 클릭한 후 Shift 키를 누른 상태에서 5번 슬라이드를 클릭하여 선택합니다. [전환] 탭-[타이밍] 그룹에서 [소리]의 목록 단추(▾)를 눌러 [카메라]를 선택합니다.

08 [전환] 탭-[타이밍] 그룹에서 [화면 전환]의 '마우스를 클릭할 때'를 클릭하여 체크 표시를 해제하고, '다음 시간 후'를 클릭하여 체크 표시를 한 후 ▲를 한 번 눌러 '1초'로 변경합니다.

09 F5 키를 눌러 슬라이드 쇼를 진행하여 설정한 화면 전환과 소리를 확인합니다.

10 슬라이드 쇼가 끝나면 마우스를 클릭하여 슬라이드 쇼를 종료합니다.

01 1번 슬라이드에 '**사진 갤러리**' 텍스트 상자를 클릭한 후 [애니메이션] 탭–[애니메이션] 그룹에서 〈자세히(▾)〉 단추를 눌러 [나타내기]–[바운드]를 선택합니다.

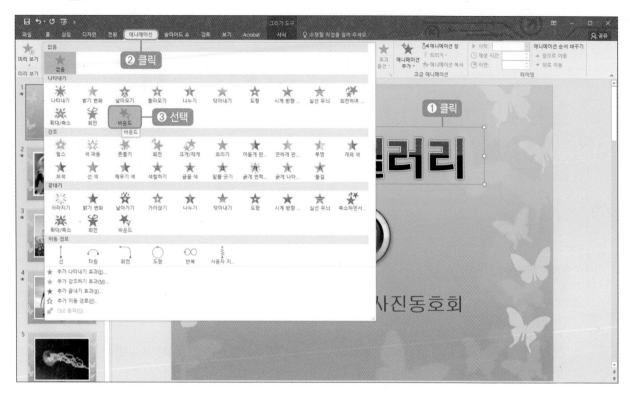

02 '**카메라**' 그림을 클릭한 후 [애니메이션] 탭–[애니메이션] 그룹에서 〈자세히(▾)〉 단추를 눌러 [나타내기]–[날아오기]를 클릭합니다.

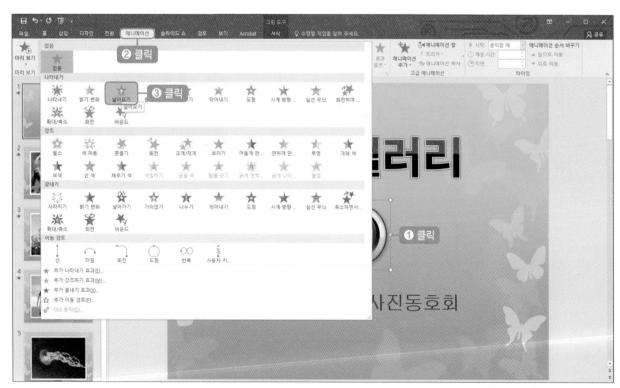

03 [애니메이션] 탭—[애니메이션] 그룹에서 [효과 옵션]을 클릭한 후 [왼쪽에서]를 선택합니다.

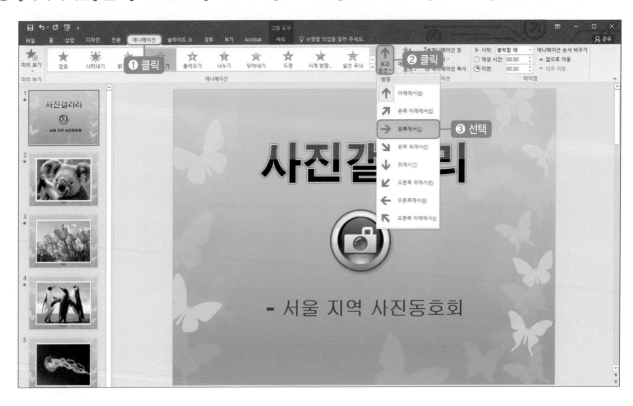

04 '- 서울 지역 사진동호회' 텍스트 상자를 클릭한 후 [애니메이션] 탭—[애니메이션] 그룹에서 〈자세히(▾)〉 단추를 눌러 [나타내기]—[회전하며 밝기 변화]를 선택합니다.

05 [애니메이션] 탭-[고급 애니메이션] 그룹에서 [애니메이션 창]을 클릭하여 오른쪽에 [애니메이션 창]이 나타나게 합니다. [애니메이션 창]에서 〈재생 시작〉 단추를 클릭하여 설정한 애니메이션을 확인합니다.

06 애니메이션 순서를 변경하기 위해 [애니메이션 창]에서 'Picture 3'을 클릭합니다. 이어서 [애니메이션] 탭-[타이밍] 그룹에서 [애니메이션 순서 바꾸기]-[뒤로 이동]을 클릭하여 순서를 변경합니다.

07 [애니메이션 창]에서 〈재생 시작〉 단추를 클릭하여 변경된 애니메이션 순서를 확인한 후 [애니메이션 창]에서 〈닫기(✖)〉 단추를 클릭합니다.

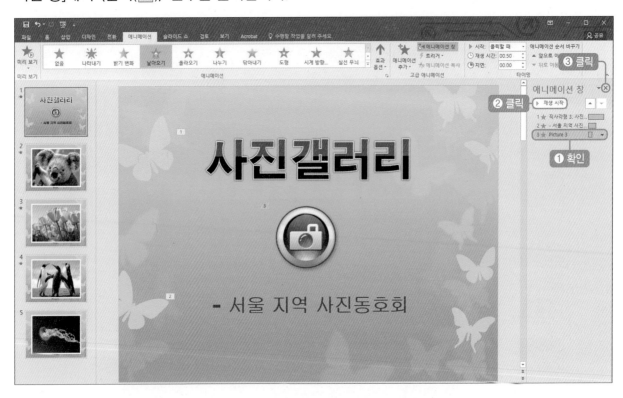

01 [슬라이드 쇼] 탭-[슬라이드 쇼 시작] 그룹에서 [처음부터]를 클릭하여 슬라이드 쇼를 확인합니다.

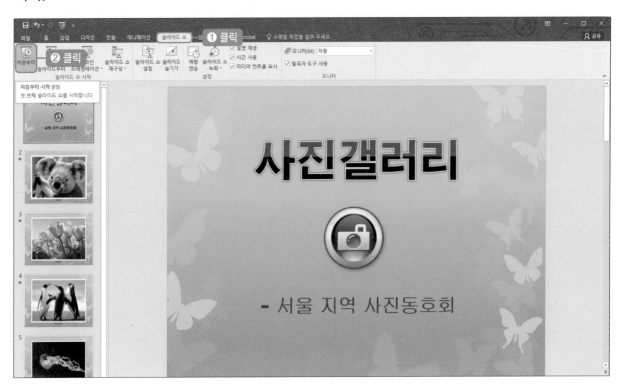

02 슬라이드 쇼가 끝나면 마우스를 클릭하여 슬라이드 쇼를 종료하고 3번 슬라이드를 클릭합니다. [슬라이드 쇼] 탭-[슬라이드 쇼 시작] 그룹에서 [현재 슬라이드부터]를 클릭하여 선택된 3번 슬라이드부터 슬라이드 쇼가 실행되는 것을 확인합니다.

03 4번 슬라이드를 클릭합니다. [슬라이드 쇼] 탭-[설정] 그룹에서 [슬라이드 숨기기]를 클릭합니다.

04 3번 슬라이드를 클릭합니다. [슬라이드 쇼] 탭–[슬라이드 쇼 시작] 그룹에서 [현재 슬라이드부터]를 클릭합니다.

05 슬라이드 쇼에 4번 슬라이드가 나타나지 않은 것을 확인합니다. 슬라이드 쇼가 끝나면 마우스를 클릭하여 슬라이드 쇼를 종료합니다.

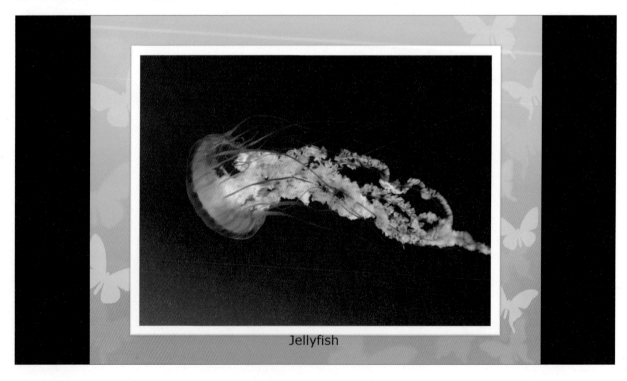

06 4번 슬라이드를 클릭합니다. 슬라이드 숨기기를 해제하기 위해 [슬라이드 쇼] 탭-[설정] 그룹에서 [슬라이드 숨기기]를 클릭합니다.

07 [파일] 탭-[다른 이름으로 저장]-[찾아보기]를 클릭하여 작업한 파일을 '사진갤러리(완성).pptx'로 저장합니다.

활용마당

● **예제파일** : 설악산등산안내.pptx ● **완성파일** : 설악산등산안내(완성).pptx

1 다음과 같이 슬라이드 화면 전환을 설정하고 슬라이드 쇼로 확인해 보세요.

HINT ❶ 1번 슬라이드

- [전환] 탭-[슬라이드 화면 전환] 그룹에서 〈자세히(▼)〉 단추를 눌러 [동적 콘텐츠]-[관람차]를 선택
- [전환] 탭-[타이밍] 그룹에서 [소리]의 목록 단추(▼)를 눌러 [폭탄]을 선택

❷ 2번 슬라이드, 3번 슬라이드

- [전환] 탭-[슬라이드 화면 전환] 그룹에서 〈자세히(▼)〉 단추를 눌러 [은은한 효과]-[밀어내기]를 선택
- [전환] 탭-[슬라이드 화면 전환] 그룹에서 [효과 옵션]을 클릭한 후 [오른쪽에서]를 선택
- [전환] 탭-[타이밍] 그룹에서 [소리]의 목록 단추(▼)를 눌러 [바람]을 선택

❸ [슬라이드 쇼] 탭-[슬라이드 쇼 시작] 그룹에서 [처음부터]를 클릭하여 슬라이드 쇼를 확인

⊙ **예제파일** : 포토앨범소개.pptx ⊙ **완성파일** : 포토앨범소개(완성).pptx

2 다음과 같이 애니메이션을 설정하고 슬라이드 쇼로 확인해 보세요.

HINT ❶ 사진 : [애니메이션] 탭-[애니메이션] 그룹에서 〈자세히(▼)〉 단추를 눌러 [나타내기]-[회전하며 밝기 변화]를 선택

❷ '벚꽃' 그림 : [애니메이션] 탭-[애니메이션] 그룹에서 〈자세히(▼)〉 단추를 눌러 [강조]-[흔들기]를 선택

❸ '꽃' 그림 : [애니메이션] 탭-[애니메이션] 그룹에서 〈자세히(▼)〉 단추를 눌러 [나타내기]-[시계 방향 회전]를 선택

❹ '나무' 그림 : [애니메이션] 탭-[애니메이션] 그룹에서 〈자세히(▼)〉 단추를 눌러 [나타내기]-[올라오기]를 선택

❺ 애니메이션 순서를 변경 : 사진을 맨 마지막에 재생되게 순서 변경

❻ [슬라이드 쇼] 탭-[슬라이드 쇼 시작] 그룹에서 [처음부터]를 클릭하여 슬라이드 쇼를 확인 : 마우스를 클릭하여 애니메이션 실행 확인

MEMO

MEMO

MEMO